GUIDE

TO

GAELIC CONVERSATION

AND

PRONUNCIATION,

WITH

VOCABULARIES, DIALOGUES, PHRASES, AND LETTER FORMS.

BY L. MACBEAN,

Author of "Elementary Lessons in Gaelic," "Songs and Hymns of the Gael," &c.

SECOND EDITION.

STIRLING :

ENEAS MACKAY, MURRAY PLACE.

1905.

Printing Statement:

Due to the very old age and scarcity of this book, many of the pages may be hard to read due to the blurring of the original text, possible missing pages, missing text, dark backgrounds and other issues beyond our control.

Because this is such an important and rare work, we believe it is best to reproduce this book regardless of its original condition.

Thank you for your understanding.

PREFACE.

This book is published chiefly to supply a need felt by visitors to the Highlands, the want of an English-Gaelic handbook of phrases and dialogues, in which English sentences are followed by their Gaelic equivalents. In preparing the dialogues the author was guided to some extent by the numerous phrasebooks of other European languages, but the peculiar circumstances of the Highlands and the Highland tongue necessitated the introduction of new subjects and the adoption of new forms. It was also necessary on account of the large number of idioms used conversationally in both Gaelic and English, to add a pretty long list of idiomatic phrases. The vocabularies, which occupy the first fifty pages of the book (with the exception of some proper names), consist entirely of words in everyday use. As it is difficult to represent the finer shades of Gaelic vowel-sounds by any system of phonetics, it is recommended that the learner should get the pronunciation *viva voce* wherever practicable. When that is not possible, the Gaelic should be read from the centre column, the third column being referred to only when the pronunciation is doubtful. In this way the student will soon acquire the habit of reading correctly from the ordinary Gaelic spelling. It is hoped that this little volume will be found useful as a handbook for strangers in the Highlands, as a book of reference for Highlanders themselves, and as the best introduction to Gaelic for those who wish to become acquainted with that language.

GUIDE

TO

GAELIC CONVERSATION.

TABLE OF SOUNDS.

In the orthoëpy given in the vocabularies, the vowels used represent the following sounds :—

1.—a	-	short as in fat - -	fat
2.—â	-	long like a in far - -	fâr
3.—e	-	short as in wet - -	wet
4.—ê	-	long as in where - -	whêre
5.—á	-	short and acute as in fate	fáte
6.—ā	-	longer than a in fame -	fāme
7.—i	-	short as in wit - -	wit
8.—ĕ	-	short as in we - -	wĕ
9.—ee	-	long as in wee - -	wee
10.—o	-	short as in cot - -	cot
11.—ô	-	long as in cord - -	côrd
12.—ó	-	short and acute as in photo	phóto
13.—ō	-	long as in fold - -	fōld
14.—u	-	short as in shun - -	shun
15.—û	-	long as in jeûne - -	zhûn
16.—ŭ	-	short like ou in would -	wŭd
17.—oo	-	long like ooe in wooed -	wooed

The English i as in fire is represented by aĕ.

The consonants are pronounced as in English, with the following exceptions :—

Ch is not hard like k, nor soft as in chase, but always guttural, as in loch, trachle.

Dd, tt, ll, and nn represent a very soft sound of these consonants, in forming which the tongue, near the tip, touches the upper gum.

Ly and ny represent a peculiar modification of the sounds of l and n, effected by placing the centre of the tongue against the roof of the mouth when pronouncing these consonants. The l is rather softer than in million, and the n softer than the first n in pinion.

VOCABULARIES.

I.—Adjectives.

English.	Gaelic.	Orthoepy.
Large	Mór	Mór
A large house	Taigh mór	Ttaĕ mór
The large house	An taigh mór	Un ddaĕ mór
A larger house	Taigh ni's mò	Ttaĕ nyis mó
The largest house	An taigh a's mò	Un ddaĕ is mó
Large houses	Taighean móra	Ttaĕun móru
A nice house	Taigh laghach	Ttaĕ llughach
A nicer house	Taigh ni's laghaich	Ttaĕ nyis llughich
The nicest house	An taigh a's laghaich	An ddaĕ is llughich
Able	Comasach	Cómasach
Any	Sam bith	Sum bĕ
Beautiful, ugly	Briagh, grannda	Breea, gcrăttu
Big, little	Mór, beag	Mór, bpák
Bigger, less	Mò, lugha	Mó, llughu
Blind	Dall	Dtaull
Bold, timid	Dàna, gealtach	Dttănu, gyalltach
Bright, dark	Soilleir, dorcha	Sólyar, ddorochu
Cold, hot	Fuar, teth	Fŭur tjá
Hotter	Teotha	Tjohu
Cheap, dear	Saor, daor	Sŭr, ddŭr
Clean, filthy	Glan, salach	Gcllan, sallach
Dead, alive	Marbh, beo	Marav, byð
Deaf	Bodhar	Bohur
Deep, shallow	Domhain, tana	Ddoving, ttanu
Dumb	Balbh	Ballav
Easy, difficult	Furasda, duilich	Fŭrusttu dtŭlich
Easier	Usadh	ŭsu
More difficult	Dorra	Dorru
Early, late	Moch, anmoch	Moch, anamoch
Every	Gach	Gcach
Fast, slow	Luath, mall	Lŭa, maull
Fat, lean	Reamhar, caol	Rauar, cŭll
Free, bound	Saor, ceangailte	Sŭr, kengiltju
Frequent, infrequent	Tric, anmic	Treechk, animĕk
Friendly, hostile	Cairdeil, eascairdeach	Cărtjal, escartjach
Full, empty	Làn, falamh	Llăn, falluv
Glad, sad	Auibhneach, truagh	Uivnach, trŭa
Good, bad	Math, olc	Ma, olchk
Better, worse	Fearr, miosa	Fyarr, mĕsu
Guilty, innocent	Ciontach, neo-chiontach	Kinttach, nyoichintach
Happy, miserable	Sona, mi-shona	Sonu, meehonu

fat. făr. wet. wĕre. făte. făme. wit. wĕ. wee.

English.	Gaelic.	Orthoepy.
Heavy, light	Trom, eutrom	Ttrom, ătrom
High, low	Ard, iosal	ǎrrtt, eeusull
Higher, lower	Airde, isle	ǎrtju, eeslyu
Hungry	Ocrach	Ochcrach
Intelligent, ignorant	Tuigseach, aineolach	Ttüikshach, anyollach
Just, unjust	Cothromach, mi - choth-romach	Coromach, meechoromach
Kind, cruel	Caoimhneil, ainiochdmhor	Cóinil, anyichk-vor
Long, short	Fàda, goirid	Fattu, gcuritj
Longer, shorter	Faide, giorra	Fatju, gkirru
Loud, quiet	Labhar, samhach	Llavur, săvuch
Married, single	Pòsda, singilte	Pŏsttu. shingiltju
New	Ur, nuadh	Oor, nŭa
Old, young	Sean, òg	Shen, ôk
Older, younger	Sine, òige	Shĕnu, ôiku
Perfect, imperfect	Iomlan, mi-iomlan	Eemulan, mee-imulan
Pleasant, disagree-able	Taitneach, mi-thaitneach	Ttatnyach meehatnyach
Pleased, sorry	Toilichte, duilich	Ttolichj, ddülich
Polite, ill-mannered	Modhail, mi-mhodhail	Moghal, mee-voghaḷ
Pretty, homely	Bòidheach, neoighrinn	Bôyach, nyoghring
Proud, humble	Ardanach, iriosail	Arttanach, irisul
Public, private	Follaiseach, uaigneach	Fóllishach, üiknyach
Rich, poor	Beartach, bochd	Bearstjach, bpochk
Right, wrong	Ceart, docharach	Kyarstt, ddocharach
Rough, smooth	Garbh, min	Gcarav, meen
Sacred, profane	Naomh, mi-naomh	Nûv, meenüv
Scarce, plentiful	Gann, pailt	Gcaunn, paltj
Sharp, blunt	Gèar, maol	Gkáar, müll
Sick, well	Tinn, slàn	Tjeen, sllân
Silent, noisy	Tosdach, fuaimneach	Ttosttach, füimnach
Soft, hard	Bog, cruaidh	Bpôc, crüaŏ
Straight, crooked	Direach, carach	Djeerach, carach
Strong, weak	Làidir, lag	Llátjir, llak
Stronger, weaker	Treasa, laige	Tresu, llačku
Sweet, bitter	Milis, searbh	Mĕlish, sherav
Thick, thin	Tiugh, tana	Tjü, ttanu
Thirsty	Tartmhor	Ttarstvor
True, false	Fior. breugach	Feeur, bprăkach
Useful, useless	Feumail, mi-fheumail	Fămal, mee ămal
Warm, cool	Blath, fionar	Bpllă, fyinnar
Weary	Sgith	Skee
Wet, dry	Fliuch, tioram	Flüch, tjirum
Wide, narrow	Leathan, cumhann	Llehan, cûann
Wider	Leatha	Llyohu
Wild, tame	Fiadhaich, callda	Feeughich, cǎllttu

cot. côrd. phóto. fôld. shun. jeûne. jûte. wooed.

II.—Adverbs

English.	Gaelic.	Orthoepy.
Large, largely	Mór, gu mór	Mór, gū mór
Right, rightly	Ceart, gu ceart	Kyarst, gū kyarst
Afterwards	An deigh sin	Un jeishin
Again	Rithis, a rithisd	Rĕhish, urĕhisj
Already	Mu thrath, cheana	Mūrä, chena
Always	An comhnuidh	Ungŏnĕ
Around	M'an cuairt	Mangūurshj
As	Mar	Mar
At all	Idir	ĕtjir
Away	Air falbh	Er fallav
Back	Air ais	Er ash
Before	Roimh	Roi
Behind	Air deireadh	Er jerugh
Early	Gu moch	Gū moch
Ever (future), for-	Gu bratlı, am feasd	Gū bprä, am fäistt
Ever (past) [ever	Riamh	Reeuv
Extremely	Gu h-anabarrach	Gu hanaparrach
Forward	Air aghaidh	Er ughĕ
Gratis	A nasgaidh	Unasskĕ
Here	An so	Un sho
How	Cia mar	Kemar
Indeed	Gu dearbh	Gūtjarav
Inside	A staigh	Usttaĕ
Just so	Direach sin	Djeerach shin
Now	Nis	Neesh
Often	Gu tric	Gū treechk
Outside	A muigh	Umūi
Over (see idioms)	Thairis	Harish
Perhaps	Theagamh	Hekuv
Seldom	Gu h-ainmic	Cū hanimik
So	Mar so, mar sin	Mar sho, mar shin
Soon	Gu h-aithghearr	Gu ha-yarr
Still (yet)	Fhathast	Ha-ustt
Then } There }	An sin	Un-shin
To-day	An diugh	Unjū
To-morrow	A maireach	Umärach
The day after to-	An earar	Un yerur
Toǫ [morrow	Ro	Ro
Very	Gle	Gclá
Whence	Cia as	Ke ass
When? when	C'uin? nuair	Cūn? Nüur
Where? where	C'aite ? Far	Câtju ? Far
Why?	C'arson ?	Carson ?

fat. fär. wet. wĕre. fäte. fäme. wit. wĕ. wee.

Conjunctions.

English.	Gaelic	Orthoepy
After	An deigh	Un jei
Also	Cuideachd	Cŭtjachk
And	Agus, is	Agñus, is
As	Mar	Mar
As—as	Cho—ri	Cho—rĕ
As long as	Fhad 'sa	Attsu
As if	Mar gu	Mar gŭ
As if—not	Mar nach	Mar nach
At any rate	Co dhiu	Co yū
Before	Roimh	Roi
As well as	Cho math ri	Cho ma rŏ
Because	A chionn	Uchyūnn
Both—and	An da chuid—agus	Unddâ chŭtj—aghus
But	Ach	Ach
Either—or	Aon chuid—no	Un chŭtj—no
Else, or else	Airneo	Ernyo
For	Oir	Or
Further	Tuille	Ttūlyĕ
However	Gidheadh	Ga-yugh
If	Ma	Ma
If (hypothetical)	Na'n, na'm	Nan, nam
If—not	Mur—	Mur—
If so	Ma tha	Ma hâ
In order that	A chum gu	Uchoum gŭ
Likewise	Mar an ceudna	Mar ungyātnu
Lest	Ma's	Mas
Nevertheless	Gidheadh	Ga-yugh
Or	No	No
Since	O'n	On
So, in that way	Mar sin	Mar shin
So—as	Cho—ri	Cho—rĕ
So that	Chum 'sgu	Choum skŭ
And so	'S mar sin	Smar shin
Till	Gus	Gūs
Than	Na	Na
That, that not	Gu, nach	Gŭ nach
Then, if so	Ma ta	Ma tta
Therefore	Uime sin	Uimu shin
Though, although	Ged	Gett
Unless	Mar	Mar
When, while	'Nuair	Nūur
Whether	Co dhiu	Co yū
Whether—or not	Co dhiu—no nach—	Co yū—no nach—
Yet	Fhathast	Ha-ust

cot. côrd. phóto. fóld. shun. jeûne. jûte. wooed.

IV.—Noun and Article.

English	Gaelic	Orthoepy.
A kiss	Pòg	Pôk
Kisses	Pogan	Pôkun
The kiss	A phog	A fôk
The kiss's, of the kiss	Na poige	Nu pôikyu
With a kiss	Le poig	Lepôick
The kisses	Na pogan	Nu pôkun
Of the kisses	Nam pog	Numbôk
The oar	An ràmh	Un râv
The oars	Na raimh	Nu râĕ
The bell	An clag	Un gllak
The bells	Na cluig	Nu clûik
The boat	Am bàta	Um bâttu
The boats	Na bataichean	Nu bâttichun
A rod, rods	Slat, slatan	Sllatt, sllattun
The rod	An t-slat	Un dlatt
The rod's, the rods	Na slait, na slatan	Nu sllâtj, nu sllattun
The land, the lands	An tìr, na tìrean	Un djeer, nu tjeerun

Common Irregular Nouns.

The man	An duine	Un ddūnu
Of the man	An duine	Un ddūnu
O man	A dhuine	Aghûnu
The men	Na daoine	Nu ttûnu
O men	A dhaona	Aghûnu
The woman	A bhean	A ven
Of the woman	Na mna	Num-na
At the woman	Aig a mhnaoi	Eik uv-nûi
O woman	A bhean	A ven
The women	Na mnathan	Num-na-un
O women	A mhnathan	Avna-un
The father	An t-athair	Un ddahur
Of the father	An athar	Un ahur
The fathers	Na h-aithrichean	Nu harichun
The mother	A mhathair	Uvâhur
Of the mother	Na mathar	Nu mâhur
The mothers	Na mathraichean	Na mârichun
The brother	Am brathair	Um brâhur
Of the brother	A bhrathar	Uvrâhur
The brothers	Na braithrean	Nu pbrâ-run
The sister	A phiuthair	Ufyū-ur
Of the sister	Na peathar	Nu pehur
The sisters	Na peathraichean	Nu perichun
God, of God, gods	Dia, Dè, diathan	Djeea, Djä, djeea-un
Son, son's, sons	Mac, mic, macan or mic	Machk, meechk, machkun

fat. fâr. wet. wĕre. fâte. fâme. wit. wĕ. wee.

V.—Pronoun.

English.	Gaelic.	Orthoepy.
I, me	Mi	Mĕ
Thou, thee, you	Tu, thu	Ttŭ, ŭ
He, him, it	E, se	ê, shê
She, her, it	I, si	Ee, shee
We, us	Sinn	Sheeng
Ye, you	Sibh	Sheev
Them, they	Iad, siad	Eeatt, sheeatt
I, me (emphatic)	Mise	Mĕshu
Thou, thee, you	Tusa, thusa	Ttŭsu, ŭsu
He, him, it	Esan, e-se	Esun, eshu
She, her, it	Ise	Eeshu
We, us	Sinne	Shing-u
Ye, you	Sibhse	Shĕvsu
They, them	Iadsan	Eeattsun
Myself	Mi fein	Mĕ fān
Thyself, yourself	Thu fein	U fān
Himself, etc.	E fein, etc.	E fān
My head	Mo cheann	Mochyaunn
Thy, your head	Do cheann	Ddochyaunn
His, its head	A cheann	Achyaunn
Her, its head	A ceann	A kyaunn
Our head	Ar ceann	Ar kyaunn
Your head	Bhur ceann	Vur kyaunn
Their head	An ceann	Un gyaunn
My (emphatic) head	Mo cheann-sa	Mochyaunn-su
Thy or your head, etc.	Do cheann-sa, etc.	Ddochyaunn-su
My own head	Mo cheann fein	Mochyaunn-fān
Your own head	Do cheann fein	Ddochyaunn-fān
Who, that	A	Ah, u
The man who	An duin' a	Un ddūn u
That which	Na	Nu
Who not, that not	Nach	Nach
He who was	Esan a bha	Esun uvâ
He who was not	Esan nach robh	Esun nach ro
This	So	Sho
This man	An duine so	Un ddūnu sho
That	Sin	Shin
That man	An duine sin	Un ddūnu shin
Yon	Sud	Shŭtt
Yon man	An duin' ud	Un ddūn utt
Who?	Có?	Có?
What?	Ciod?	Cutt?
This, this here	E so, i so	Esho, esho
Whoever	Ge b'e	Gepbe

cot. côrd. phóto. fōld. shun. jeûne. jŭte. wooed.

VI.—Prepositions.

English.	Gaelic.	Orthoepy.
About, about the	Mu, mu'n	Mŭ, mūn
Above	Os cionn	Os kyūnn
According to	A reir	Urăr
Across	Tarsuinn	Ttarshing
After	An deigh	Undjái
Against	Au aghaidh	Un ughĕ
Among	Am measg	Um mesk
At, staying at	Aig, fuireach aig	Eik, furach eik
Looking at	Coimhead ri	Co-itt rĕ
Anger at	Fearg ri	Feruk rĕ
Working at	Ag obair air	Uk opur ár
Before	Roimh	Roĕ
Below, below the	Fo, fo'n	Fo, fon
Between	Eadar	Ettur
By, or past	Seachad air	Shachuttár
Done by	Deanta le	Djĕanttu le
By name	Air ainm	Er ânum
Swear by	Mionaich air	Myunnich ár
During	Re	Rä
For, for the sake of	Airson, air sgath	Erson, erskâ
Work for Robert	Oibrich do Rob	Oiprich ddo Rop
Work for wages	Oibrich airson duais	Oiprich erson ddŭush
Hoping for	An dochas ri	Un ddôchus rĕ
Give for	Thoir air	Hor ár
From, from the	O or bho, o'n	O or vo, on
In, in the	Ann, anns a	Aunn. aunnsu
Into	Steach ann	Stjach aunn
Near	Faisg air	Faéshk ár
Of, off	De	Dje
Speaking of	Bruidhinn mu	Brüing mŭ
On	Air	Ær or er
Out of, out of the	A, as an	A, as un
Over	Thar	Har
Through	Troimh	Ttroi
To, to the	Do, do'n; gu, gu's an; ri, ris an	Ddo, ddon; gŭ, gŭsun; rĕ, rishun
Give to	Thoir do	Hor ddo
Go to	Rach gu or a dh 'ionnsuidh	Rach gŭ or ughyŭnn-sĕ
Put to	Cuir gu	Cŭr gŭ
Like to	Coltach ri	Colttach rĕ
Speaking to	Bruidhinn ri	Bprüing rĕ
Together with	Comhla ri	Côlla rĕ
With, with the	Le, leis an	Le, leish un
Without	Gun	Gŭn

fat. fàr. wŏt. wĕre. fáte. fäme. wĭt. wĕ. wee.

VII.—Pronoun and Preposition Combined.

English.	Gaelic.	Orthoepy.
About me, thee, him, her	Umam, umad, uime, uimpe	Umum, ūmutt, ūimu, ūimpu
About us, you, them	Umainn, umaibh, umpa	Uming, ūmiv, ūmpu
At me, thee, him, her	Agam, agad, aige, aice	Akum, akutt, ákyu, aĕchkyu
At us, you, them	Againn, agaibh, aca	Aking, akiv, achcu
Among us, etc.	Ann ar measg, etc.	Aunn ar mesk, etc.
Before me, etc.	Romham, romhad, roimhe roimpe	Ro-um, ro-utt, roi, roimpu
Before us, etc.	Romhainn, romhaibh, rompa	Ro-ing, ro-iv, rompu
Below me, etc.	Fodham, fodhad, fodha, fuidhpe	Fō-um, fó-utt, fó-u, fóipu
Below us, etc.	Fodhainn, fodhaibh, fodhpa	Fó-ing, fóiv, fōpu
Between us, etc.	Eadaruinn, eadaruibh, eatorra	Etturing, etturuiv etturu
For me, etc.	Air mo shon, air do shon	Er mo hon, erddo hon, etc
From me. etc.	Uam, uat, uaithe, uaipe Uainn, uaibh, uapa	Uu-m, u-utt, ūaĕ, uaĕpu Uaĕug, ū-iv, uapu
In me, thee, etc.	Annam, annad, ann, innte Annainn, annaibh, annta	Annum annutt aunn ĕntju Anning, anniv, aunnttu
In my, in thy, etc.	(Ann) am, (ann) ad, 'na Ann ar, ann bhur, 'nan	(Ann) um, (ann) utt, na Aunn ar, aunn vur, nan
Of or off me, etc.	Diom, diot, deth, dith Dinn, dibh, diubh	Djeeum, djeeutt, dje, djee Djeeng, djeev, djoo
On me, thee, etc.	Orm, ort, air, oirre Oirnn, oirbh, orra	Orom, orstt, ár, orru Oring, oriv, orru
Out of me, etc.	Asam, asad, as, aisde Asainn, asaibh, asda	Asum, asutt, ass, asju Asing, asiv, asttu
Through me, etc.	Tromham, tromhad, troimh, troimpe Tromhainn, tromhaibh trompa	Ttro-um, ttro-utt, ttroi ttroimpu Ttroing, ttroiv, ttrompu
To or for me, etc.	Domh, duit, da, di Duinn, duibh, daibh	Ddov, ddūtt, dda, djĕ Ddūing, ddūiv, ddaĕv
To or unto me, etc.	H-ugam, h-ugad, h-uige, h-uice H-ugainn, h-ugaibh, h-uca	Hūkum, hūkutt, hūikyu hūichkyu Hūking, hūkiv, hūchku
To, at, or towards me	Rium. riut, ris, rithe Rinn, ribh, riutha	Rūm, rūtt, rish, ree Ring, reev, rūa
With me, etc.	Leam, leat, leis, leatha Leinn, leibh, leo	Lem, lett, leish, lehu, Leeng, leev, lo

cot. côrd. phóto. fold. shun. jeûne. jûte. wood.

VIII.—Verbs.

English.	Gaelic.	Orthoepy.
I am	Tha mi	Ha mĕ
Thou art, you are	Tha thu, tha sibh	Ha ū, ha shiv
He is	Tha e	Ha ê
We are, they are	Tha sinn, tha iad	Ha shĕng, eeatt
Am I?	Am beil mi?	Am bál mĕ?
Is he?	Am beil e?	Um bál e?
Are they?	Am beil iad?	Um bál eeatt?
I am not	Cha'n'eil mi	Chanál mĕ
Am I not?	Nach 'eil mi	Nach ál mĕ?
I was	Bha mi	Va mĕ
I was not	Cha robh mi	Cha ró mĕ
Was I?	An robh mi?	Un ró mĕ?
Was I not?	Nach robh mi?	Nach ró mĕ
I shall or will he	Bithidh mi	Bpĕhŏ mĕ
I shall not be	Cha bhi mi	Cha vĕ mĕ
Shall I not be?	Nach bi mi?	Nach bĕ mĕ?
Shall I be?	Am bi mi?	Um bĕ mĕ?
If I shall not be	Mur bi mi	Mur pĕ mĕ
If I shall be	Ma bhitheas mi	Muvĕ-us mĕ
I (we) would be	Bhithinn (bhitheamaid)	Vĕ-ing, vĕ-umij
You, etc., would be	Bhitheadh tu, etc.	Vĕ-ugh ttu
You would not be	Cha bhitheadh tu	Cha vĕ-ugh ttŭ
Would you not be?	Nach bitheadh tu	Nach pĕ-ugh ttŭ?
Be, be ye	Bi, bithibh	Bpĕ, pbĕ-iv
Let him, etc., be	Bitheadh e, etc.	Bpĕ-ugh e
Be not	Na bi, na bithibh	Na bpĕ, etc.
To be	A bhi	Uvĕ
About to be	Gu bhi	Gū vĕ
Being	Bith	Bpĕ

Regular Form of Verbs.

I did cut	Ghearr mi	Yârr mĕ
If I did cut	Ma ghearr mi	Ma yârr mĕ
I did not cut	Cha do ghearr mi	Cha ddoyârr mĕ
If I did not cut	Mur do ghearr mi	Mur ddo yârr mĕ
If I had cut	Na'n do ghearr mi	Nan ddo yârr mĕ
Did I cut?	An do ghearr mi?	Un ddo yârr mĕ
Did I not cut?	Nach do ghearr mi	Nach ddo yârr mĕ
I will cut	Gearraidh mi	Gyarrĕ mĕ
If I will cut	Ma ghearras mi	Ma yarrus mĕ
I will not cut	Cha ghearr mi	Cha yârr mĕ
If I will not cut	Mur gearr mi	Mur gyârr mĕ
Shall I cut?	An gearr mi	Un gyârr mĕ?

fat. fâr. wet. wêre. fáte. fǎme. wit. wĕ. wee.

English.	Gaelic	Orthoepy.
Shall I not cut ?	Nach gearr mi ?	Nach gyârr mĕ ?
I or we would cut	Ghearrainn ghearramaid	Yarring, yarrumitj
You, etc., would cut	Ghearradh tu, etc.	Yarru ttū, etc.
You would not cut	Cha ghearradh tu	Cha yarru ttū
Would you cut ?	An gearradh tu ?	Un gyarru ttū
Would you not cut ?	Nach gearradh tu ?	Nach gyarru ttū ?
Cut, cut ye	Gearr, gearraibh	Gyârr, gyarriv
To cut	Gearradh, a ghearradh	Gyarrugh, uyarrugh
Cutting	A gearradh	Ucgyarru
Was, were cut	Ghearradh—	Yarraugh
If—was cut	Ma ghearradh—	Ma yarrugh
Was not cut	Cha do ghearradh	Cha ddo yarrugh
Was—cut ?	An do ghearradh—	Un ddo yarrugh
Will be cut	Gearrar	Gyarrur
Will not be cut	Cha ghearrar	Cha yarrur
Would be cut	Ghearrtadh ?	Ghyarrsttugh
Would—be cut ?	An gearrtadh ?	Un gyarrsttugh
Would not be cut ?	Cha ghearrtadh	Cha yarrsttugh
To be cut	Bhi gearrta	Vĕ gyarrsttu
Cut	Gearrta	Gyarrsttu
I am cutting	Tha mi a gearradh	Ha mĕ ucgyarru

Verbs commencing with Vowels, or with F followed by a Vowel.

English	Gaelic	Orthoepy
I drank	Dh' òl mi	Ghôll mĕ
We did not drink	Cha d' òl sinn	Cha ttôll shing
You will drink	Olaidh tu	Ollĕ ttū
He will not drink	Cha'n òl e	Chan ôll e
They would drink	Dh' oladh iad	Ghôllugh eeatt
Drink, drink ye	Ol, òlaibh	Oll, ôlliv
Drinking	Ag òl	Uk ôll
Was drunk	Dh' oladh	Ghôllugh
Was—drunk ?	An d'oladh—?	Un ddôllugh ?
Will be drunk	Olar, etc.	Ollur
I stayed	Dh' fhan mi	Ghan mĕ
Will stay	Fanaidh	Fanĕ
I would stay	Dh' fhanainn	Ghaning
She would stay	Dh' fhanaidh i	Ghanugh ĕ
Staying	Fantuinn	Fanntting

List of Verbs.

English	Gaelic	Orthoepy
Answer	Freagair	Frácur
Answered	Fhreagair	Rácur
Will answer	Freagraidh	Frácrĕ

cot. còrd. phóto. fôld. shun. jeûne. jûte. wooed.

English.	Gaelic.	Orthoepy.
Arrive	Ruig	Rrūik
Arrived	Rainig	Rânik
Arriving	Ruigsinn	Rūikshin
Ask	Iarr	Eear
Asked	Dh'iarr	Yeeur
Asking	Ag iarraidh	Aik eeurĕ
Assist	Cobhar	Cour
Assisted	Chobhar	Chour
Assisting	A cobhar	Ukour
Avoid	Seachainn	Shachaing
Avoided	Sheachainn	H-yaching
Avoiding	Seachnadh	Shechnugh
Begin	Toisich	Ttôshich
Began	Thoisich	Hôshich
Beginning	Toiseachadh	Ttôshachugh
Believe-ing	Creid-sinn	Crātj-shing
Belong-ing	Buin-tinn	Bpūn-tting
Bend-ing	Lub-adh	Llūpugh
Bind-ing	Ceangal	Kyangull
Bowing	Crom-adh	Crómugh
Bring, bringing	Thoir, toirt	Hôr, ttoirtj
Break-ing	Bris-eadh	Bpreeshugh
Burn	Loisg	Llóshk
Bury	Adhlaic	Aūlik
Buy	Ceannaich	Kyannich
Call	Eigh	Æ, ā
Carry	Giulan	Gyoollan
Cease	Sguir	Skūr
Climb	Streap	Sttráp
Come along	Tiugainn(ibh)	Ttjūking(iv)
Come here	Trothad	Tró-utt
Command	Aithne	Aanu
Condemn	Dìt	Djeetj
Create	Cruthaich	Crūich
Defend	Dion	Djeeun
Depart	Falbh	Fallav
Destroy	Sgrios	Skriss
Die	Basaich	Bpāsich
Draw	Tarruing	Ttarring
Dry	Tiormaich	Tjirumich
Eat	lth	Ee, ĕ
Extend	Sìn	Sheen
Fall	Tuit	Ttūtj
Feel	Fairich	Farich
Fill	Lion	Lyeeun
Fight	Sabaid	Sapatj

fat. fār. wet. wĕre. fáte. fâme. wit. wĕ. wee.

English.	Gaelic.	Orthoepy.
Find	Faigh	Faĕ
Finish	Criochnaich	Creeuchnich
Flee	Teich	Tjeich
Follow	Lean	Lyen
Forbid	Toirmisg	Tturimishk
Forget	Di-chuimhnich	Djeechüinich
Forgive	Math	Ma
Gain	Coisinn	Coshing
Gather	Tional	Tjĕnell
Guide	Treoraich	Trôrich
Hang	Croch	Croch
Hide	Folaich	Follich
Hope	Earb	Erup
Inhabit	Aitich	Atjich
Keep	Cum	Cŭm
Kill	Marbh	Maruv
Know	Aithnich	Anich
Learn	Ionnsuich	Yünsich
Leave	Fag	Fåk
Listen	Eisd	Æsj
Let	Leig	Lyeik
Lie (down)	Luidh	Llaĕ
Lose	Caill	Kaĕll
Look	Seall	Shaüll
Love	Gradhaich	Gråghich
May	Faod	Fütt
Must	Feum	Fäm
Measure	Tomhais	Tto-ish
Mend	Caraich	Carich
Name	Ainmich	Animich
Meet	Coinnich	Cónyich
Offer	Tairg	Ttarik
Open	Fosgail	Föskil
Part	Dealaich	Djallıch
Please	Toilich	Ttolich
Pay	Paidh	Påĕ
Pour	Doirt	Ddôrsj
Practise	Cleachd	Clachk
Praise	Mol	Moll
Promise	Geall	Gyaull
Prove	Dearbh	Djarav
Put	Cuir	Cŭr
Raise	Tog	Ttók
Read	Leugh	Lyä
Refuse	Diùlt	Djoollt
Reign	Righich	Ree-ich

cot. côrd. phôto. fôld. shun. jeûne. jûte. wooed

English.	Gaelic.	Orthoepy.
Remain	Fuirich	Fūrich
Remember	Cuimhnich	Cūinich
Rise	Eirich	Ærich
Save (spare)	Caoin	Cûin
Sell	Reic	Reichk
Send	Cuir	Cūr
Show	Feuch, feach	Făch, fĕach
Shut	Duin	Ddoon
Sit	Suidh	Suĕ
Sleep	Caidil	Catjil
Spoil	Mill	Meel
Spread	Sgaoil	Skûl
Stop	Stad	Sttatt
Strike	Buail	Bpū-il
Strive	Stri	Stree
Suffer	Fuiling	Fūlink
Take	Gabh	Gcav
Tell	Innis	Innish
Tear	Reub or riab	Răp, reeap
Think	Smuainich	Smooinich
Throw	Tilg	Tjilik
Touch	Bean	Bpen
Try	Feuch, feach	Făch, fĕach
Turn	Tionndaidh	Tjūnnttaĕ
Understand	Tuig	Ttūik
Waken	Duisg	Ddūishk
Wait	Fuirich	Fūrich
Work	Oibrich	Oiprich
Write	Sgriobh	Skreev
Wear	Caith	Kaĕ

Irregular Verbs.

I went	Chaidh mi	Chaĕ mĕ
Did—go?	An deach(aidh)—?	Unjachĕ?
Will—go	Theid	Hātj
Will—go?	An teid—?	Un djātj?
Would go	Rachadh	Rachugh
Go	Rach	Rrach
Going	A dol	Utdoll

I said	Thubhairt mi	Hūvirtj mĕ
Did—say?	An dubhairt—?	Un ddūvirj?,
Will say	Their	Hár
Will—say?	An abair—?	Un apur

fat. fàr. wet. wĕre. fáte. fãme. wit. wĕ. wee.

English.	Gaelic.	Orthoepy
Would say	Theireadh	Hárugh
Would—say?	An abaireadh ?	Un aburugh
Saying	Ag radh	Ukrâ
Will be said	Theirear	Hárur
Will be said ?	An abrairear ?	Un apurur ?
Would be said	Theirteadh	Hártjugh ?
Would be said ?	An abairteadh ?	Un apurtjugh ?
Gave	Thug	Hūk
Did – give ?	An d'thug	Unddūk
Will give	Bheir	Vár
Will—give ?	Toir, tabhair ?	Ttor, ttavur ?
Would give	Bheireadh	Várugh
Would—give ?	An toireadh ?	Un ddorugh ?
Giving	A toirt	Uttôrtj
Was given, etc.	Thugadh	Hūkugh
Came	Thainig	Hânik
Did—come ?	An d'thainig ?	Un ddânik
Will come ?	Thig	Hék
Will—come ?	An tig ?	Un djĕk ?
Coming	Tighinn	Tjeeng
Saw	Chunnaic	Chūnnĕk
Did—see ?	Am faca—?	Um fâchca ?
Will see	Chi	Chee
Will—see ?	Am faic—?	Um faĕchk|?
Would—see ?	Am faiceadh ?	Um faĕchkugh
Seeing	Faicsinn	Faĕchkshing
Was seen	Chunncadh	Chūnnuchcugh
Was—seen ?	Facadh ?	Fachcugh
Will be seen, etc.	Chithear	Chĕ-ur
Got	Fhuair	Hoo-ur
Did—get ?	An d'fhuair—?	Un ddooar ?
Will get?	Gheibh	Yáiv
Will – get ?	Am faigh ?	Um faĕ ?
Would get	Gheibheadh	Yávugh
Would—get ?	Am faigheadh —?	Um faĕyugh ?
Getting	Faotainn	Fútting
Was got	Fhuaradh, etc.	Hūarugh
Made, or did	Rinn,	Ring
Did—make ?	An d'rinn ?	Undring
Will make	Ni	Nee

cot. côrd. phóto. fôld. shun. jeûne. jûte. wooed.

IX.—Agriculture.

English.	Gaelic.	Orthoepy.
Straw-rope	Siaman	Sheeaman
Weeds	Raoineagan	Ruinakun
Barn	Sabhal	Savull, saŭll
Butter and cheese	Im is càise	Eem is càshu
Byre	Bathaich	Bàich
Cattle	Crodh. feudail	Cró, fātel
Chain	Slabhruidh	Sĭlaurĕ
Chaff	Moll	Moull
Crop	Barr	Bpárr
Dairymaid	Banarach	Banarach
Enclosure	Fang	Fânk
Farm, farming	Tuathanas, tuathnachd	Ttŭanas, ttŭanachk
Flail	Buailtean	Bpŭaltjan
Fodder	Fodair	Fottur
Fold	Crò	Crŏ
Furrow	Clais	Cllash
Garden	Lios	Lyiss
Grain	Siol	Sheeull
Grass	Feur, fiar	Făr, fēar
Ground	Talamh	Ttalluv
Harvest	Foghar	Foghur
Harrow	Cliath	Cleea
Halter	Taod	Ttŭdd
Herdsman	Buachaile	Bpŭuchelyu
Land	Fearann	Ferunn
Lease	Aonta, gabhail	ŭnta, gcaval
Manure	Mathachdh	Mahachugh
Meadow	Faiche	Faĕchu
Milking	Bleodhainn	Bplouing
Peasantry	Tuath	Ttua
Plough	Crann	Craunn
Ploughing	Treabhadh	Ttro-ugh
Rake	Ràcan	Râchkan
Reaping	Buain	Bpŭan
Rent	Màl	Mâll
Seaweed	Feamuinn	Feming
Scythe	Speal	Spyall
Sheaf	Sguab	Scooup
Shóck	Adag	Attak
Sickle	Corran	Corran
Sowing, planting	A cur	Ucŭr
Stack	Cruach	Crŭach
Straw	Fodar	Fottur
Stubble	Fasbhuain	Fassing

fat. fär. wet. wĕre. fáte. făme. wit. wĕ. wee.

X.—Animals.

English.	Gaelic.	Orthoepy.
A wild beast	Fiadh-bheathach	Feeuvehach
A tame beast	Beathach callda	Behach cǎlittu
Ass	Asail	Assull
Badger	· Broc	Bprochk
Bear	Mathan	Mahun
Boar, sow	Torc, muc	Tork, mǔchk
Bull, cow	Tarbh, bó or mart	Ttara, bpó or marrstt
Bullock, heifer	Damh, atharla	Ddav, ahurllu
Buck, doe	Boc, eilid	ǎlitj
Calf	Laogh	Llûgh
Cat, kitten	Cat, piseag	Cahtt, pěshac
Colt, filly	Searrach, loth	Sharrach, llo
Deer	Fiadh	Feeugh
Dog, puppy	Cù, culan	Coo, cūlan
Foal	Searrach	Sharrach
Fox	Mada-ruadh	Mattu-rūa
Goat	Gabhar	Gour
Hare	Gearr, maigheach	Gyârr, mayach
Horse, mare	Each, capull	Yach, capull
Lamb	Uan	Ooan
Lion	Leomhan	Lyóunn
Mouse	Luch	Llūch
Pig	Muc	Mǔchk
Ram	Reithe	Reh
Rat	Rodan	Rottan
Roe	Earba	Erupu
Sheep	Caora	Cûru
Stag	Damh-earba	Ddav-erupu
Squirrel	Feorag	Fyôrak
Weasel	Neas	Nyiss
Wolf	Mada-alluidh	Mattu-allě
Bird, Birds	Eun or ian, eoin	ān, or eean, yôn
Blackbird	Londubh	Llonttū
Chicken	Eireag, isean	Erak, ishan
Cock, hen	Coileach, cearc	Culach, kyark
Crow	Rocas	Rôchkus
Cuckoo	Cuag	Cūak
Dove	Calman	Callaman
Duck	Tonnag	Ttonnak
Eagle	Iolair	Yullur
Gander, goose	Ganradh, geadh	Gânra, gěa
Gull	Faoilean	Fūlan
Hawk	Seobhag, speireag	Shohak, sperak

oot. côrd. phóto. fôld. shun. jeûne. jûte. wooed.

English.	Gaelic.	Orthoepy.
Lark	Uiseag	Uishak
Moorhen	Cearc-fhraoich	Kyark-ràich
Partridge	Pèartag	Peearsttak
Pigeon	Calman	Callaman
Plover	Feadag	Fettak
Sparrow	Gealbhonn	Gyallavon
Swallow	Gobhlan-gaoith	Góllan-gäi
Swan	Eala	Yallu
Thrush	Smeorach	Smyòrach
Wren	Dreadhan-donn	Drehun-ddoun
Fish.	*Iasg.*	
Cod	Trosg	Eeask
Eel	Easgann	Ttrosk
Flounder	Leòbag	Eskunn
Haddock	Adag	Lyôpac
Herring	Sgadan	Attac
Pike	Geadas	Scattan
Salmon	Bradan	Gkettas
Trout	Breac	Bprattan
		Bprechk
Shellfish.	*Maorach.*	Mûrach
Cockle	Coilleag	Colyak
Crab	Partan	Parsttan
Lobster	Giumach	Gyoomach
Limpet	Bairneach	Bpârnyach
Periwinkle	Faochag	Fûchak
Reptile.	*Biasd snagach.*	Bpeeustt-snâcach
Frog	Losgann	Lloskunn
Leech	Deala	Djallu
Lizard	Each-luathaireach	Yach-llûarach
Serpent	Nathair	Nahur
Snail	Seilcheag	Shelichac
Worm	Cnuimheag	Knûyak
Insect.	*Beisteag.*	Pàshjak
Bee	Seillein	Shelyan
Butterfly	Dearabdan dé	Djaraputtan djä
Flea	Deargann	Djarakunn
Fly	Cuileag	Cûlak
Grasshopper	Fionnan-feoir	Fyinnan-fyòr
Moth	Leòmunn	Lyòmunn
Spider	Damhan-alluidh	Ddavan-allē
Wasp	Coinspeach	Coinspyoch

fat. fär. wet. wère. fäte. fäme. wit. wē. wee.

XI.—The Army.

English.	Gaelic.	Orthoepy.
Accoutrements	Uidheam-cogaidh	Uyum-cokĕ
Arms, army	Armachd, airm	Arumachk, arum
Armoury	Taigh-airm	Ttaĕ-arim
Band	Coisir	Cŏshir
Barracks	Taigh-feachd	Ttaĕ-fyachk
Battle	Cath	Ca
Belt	Crios	Criss
Bullet	Peilear	Pálar
Captain	Ceann-feadhna, caiptein	Kyaunnfyounu, captjin
Cannon	Gunna mòr	Gŭnnu mŏr
Cavalry	Eachruidh	Yachrĕ
Colours, banner	Bratach	Bprattach
Commander	Ceannard	Kyannartt
Company	Cuideachd	Cutjachk
Defeat	Ruaig	Rŭaik
Drum	Druma	Ddrŭmu
Drummer	Drumair	Ddrŭmar
Firing	Losgadh	Llóskugh
Fort	Daingneach	Ddaĕnach
Garrison	Feachd-dhaingnich	Fyachk-ghaĕnich
Guard	Freiceadan	Frelchkuttan
Gun	Gunna	Gŭnnu
Helmet	Clogaid	Cllokitj
Horse(men)	Marc-shluagh	Markllŭa
Infantry	Coisridh	Coshrĕ
Lance	Sleagh	Slyugh
Navy	Cabhlach	Cavallach
Peace	Sith	Shee
Piper	Piobair	Peepur
Pistol	Dag	Ddak
Prisoner	Priosanach	Preesunach
Rampart	Balla, baideal	Ballu, bpatjall
Rank	Sreath	Srá
Regiment	Reisimeid .	Rǎshimetj
Sentinel	Fear-faire	Fer-faru
Siege	Iomadhruideadh	Imughrŭtjugh
Shot	Urchair	Uruchur
Soldier	Saighdear	Saĕtjar
Strategy	Cuilbheart	Cŭlivyarstt
Sword	Clàidh	Cilaĕ
Valor	Treuntas	Ttrǎ-unttus
Victory	Buaidh	Bpŭaĕ
War	Cogadh	Cokugh
Wound	Leòn	Lyòn

cot. còrd. phóto. fòld. shux. jeᴀne. jùte. wooed.

XII.—The Body.

English.	Gaelic.	Orthoepy.
Body	Colunn	Collunn
Arm, arms	Gairdean, gairdeanan	Gârtjan, gcârtjaunn
Armpit	Achlais	Achlash
Back	Druim	Ddrŭĕm
Beard	Fèasag	Fee-asak
Belly	Brù, broinn	Brū, broing
Blood	Fuil	Fŭl
Bone	Cnàmh	Knâv
Bosom	Uchd	Uchk
Bowels	Innidh	ĕnyĕ
Brain	Eanachuinn	Enaching
Breast	Broilleach	Brolyach
Breath	Anail	Anal
Calf	Calpa	Calapu
Cheek, cheeks,	Gruaidh, gruaidhean	Grŭaĕ, grŭayin
Chest	Cliabh	Clee-uv
Chin	Smig	Smeek
Corpse	Corp	Corp
Countenance	Aghaidh	Ughĕ
Curl	Cuailean	Cŭailyan
Ear, ears	Cluais, cluasan	Clŭish, clŭasun
Elbow	Uileann	Uilyunn
Eye, eyes	Suil, suilean	Sool, soolun
Eyelids, eyebrows	Fabhran, maildhean	Fâvrun, malyun
Eyelashes	Ruisg	Rŭishk
Face	Aodann	ûtting
Feeling	Faracha', mothacha'	Farachu, mo-achu
Finger, fingers	Meur, meorsn	Mār, myôrun
Little finger	Ludag	Llŭttak
Fist	Dòrn	Dttôrn
Flesh	Feoil	Fyôl
Foot, feet	Cas, casan	Cas, casun
Forehead	Bathais	Bpahish
Gait	Gluasad, giulan	Clŭasutt, gyŭllan
Gums	Càranan	Câranun
Hair	Falt	Fallt
Hand, hands	Lamh, lamhan	Llâv, llâvan
Head	Ceann	Kyâunn
Hearing	Claisteachd	Kllâstjachk
Heart	Cridhe	Crĕhu
Heel, heels	Sàil, sailean	Sâl, sâlun
Hip	Cruachann	Crŭuchunn
Hunger	Ocras, acras	Ochcrus, achcrus
Jaw	Peirceal	Perkyull

fat. fär. wet. wĕre. fàte. fâme. wit. wĕ. wee.

English.	Gaelic.	Orthoëpy.
Joint	Allt	Allt
Kidneys	Airnean	Arnyun
Knee, knees	Gluin, gluinean	Gloon, gloonan
Knuckles	Rùdain	Rooddun
Lap	Ultach	ûlltach
Laugh	Gàire	Gcâru
Leg, legs	Lurgann, lurganan	Llûragann, llûrgannun
Lip, lips	{ Lip, lipean { Bil, bilean	Lyĕp, lyĕpun Bpĕl, bpĕlun
Liver	Grudhan	Grûan
Lung	Sgamhan	Scavan
Member, members	Ball, buill	Bpaull, bpûill
Mouth	Beul, bial	Bpä'l, pbĕall
Muscle	Feith	Fä
Nail	Iongainn	Yunging
Neck	Amhaich	Avich
Nose	Sròn	Srôn
Nostrils	Cuinneinean	Cũinyunun
Palate	Slugan	Slũkan
Palm	Bas, bois	Bpass, bpóish
Ribs	Aisnean	Ashnun
Shoulder, shoulders	Gualainn, gualainnean	Gñalling, güallingun
Side	Taobh	Ttûv
Sigh	Osann	Osunn
Sight	Fradharc	Frû-urc
Skin	Craicionn	Craĕchkyunn
Skull	Claigeann	Claĕkyunn
Sleep	Cadal	Cattull
Smelling	Fàileadh	Fälu
Smile	Foghàire	Foghâru
Sole of the foot	Bonn na coise	Bpounn nu coshu
Stomach	Goile	Golu, gulu
Sweat	Fallus	Fallus
Taste	Blas	Bllass
Tears	Deòir	Djör
Thirst	Tart, pathadh	Ttarstt, pahu
Throat	Sgòrnan	Scôrnan
Thumb } Toe	Ordag	ôrttak
Tongue	Teanga	Tjengĕ
Tooth, teeth	Fiacail, fiaclan	Feuchkeell, faeuchclun
Vein	Cuisle	Cũshlu
Waist	Cneas, meadhon	Cness, mĕan
Weeping	Gul	Gûll
Whiskers	Ciabhagan	Keeavakan
Wrinkles	Criopagan	Creepakun

cot. côrd. phóto. fóld. shun. jeûne. jûte. wooed.

C

XIII.—The Church.

English.	Gaelic.	Orthoepy.
Abbot	Abba	Abu
Altar	Altair	Alttur
Anglican Church	Eaglais Shassunach	Ekllash Hasunnach
Archbishop	Ard-easbuig	Artt-espik
Assembly	Ard-sheanadh	Artt-henugh
Baptism	Baisteadh	Bpashjugh
Beadle	Maor-eaglais	Mûr-ekllash
Bell	Clag	Cllak
Bishop	Easbuig	Espik
Catechism	Leabharcheisd	Lyowir-cheisj
Catholic	Coitchionn	Cotjyunn
Choir	Còisir	Còshir
Church	Eaglais	Ekllash
Churchyard	Cladh	Cllugh
Communicant	Comanaiche	Cómanichu
Creed	Creud	Crätt
Congregation	Co-thional	Cohinall
Deacon	Deacon, foirfeich	Dācon, furifech
Elder	Seanair, foirfeich	Shenar, furifech
Excommunication	Iomasgaradh	Imuscarugh
Fast-day	La-taimh	Lla-ttâiv
Head of the Church	Ceann na h-eaglais	Kyaunn nu heklish
Mass	Aifrionn	Aifruun
Minister	Ministeir	Meenisjer
Monk	Manach	Manach
Monastery	Manachainn	Manaching
Nun	Cailleach dubh	Calyach ddūv
Ordinances	Orduighean	Orttĕun
Parish	Sgìre	Skeeru
Parson	Pears' eaglais	Pers-ekllish
Pew	Suidheachan, déis	Sūyachah, djäsh
Pope	Pàp	Pâp
Prayer Book	Leabhar uirnigh	Llowir ūrnyĕ
Presbytery	Cléir	Clär
Priest	Sagairt	Sakkurtt
Pulpit	Cùbaid	Cūpaij
Reformation	Ath-leasachadh	Alásachugh
Sacrament	Sacramaid	Sàchcrumatj
Saint	Naomh	Nûv
Sermon	Searmaid	Sheramatj
Session	Seisein	Sháshan
Sunday School	Sgoil-Shàbaid	Skolhâpatj
Synod	Seanadh	Shenugh
Text	Bonn-teagaisg	Bpounn-tjâkishk

fat. fàr. wet. wëre. fâte. fâme. wit. wĕ. wee.

XIV.—Clothing.

English.	Gaelic.	Orthoepy.
Clothing	Aodach, sgeadachadh	ûttach, skettachu
Apparel	Uigheam	ûyum
Apron	Aparan	Ahparan
Belt	Crios	Criss
Boots, shoes	Bòtan, brògan	Bpôtan, bprôkun
Bonnet	Boineid, biorraid	Bponitj, byiratj
Bow	Dos	Ddoss
Bracelet	Lamh-fhàilean	Llâvâlyun
Button	Cnaip	Knaĕp
Cap	Currachd	Cûrruchk
Chain	Slabhruidh	Sllaurĕ
Chemise	Leine boirionnaich	Lyānubporunich
Cloak	Falluing, cleoca	Fallĕng, clôchk
Cloth	Aodach, clò	ûttach, cllô
Clothes	Comhdach, eudach	Côttach, ûttach
Coat	Còta	Côttu
Collar	Coileir, braid	Colur, bprâtj
Cotton	Cotan, canach	Cottan. canach
Cuffs	Bann-duirn, bunduirn	Bûnnddooirn
Cravat	Eididh-amhaich	ātjĕ-auich
Drawers	Dradhais	Drahish
Dress	Culaidh	Cûllĕ
Earring	Cluas-fhàine	Clñas-ânyu
Fashion	Fasan	Fasan
Fan	Gaotharan	Gûhuran
Feather(s)	Iteag(an)	Eetjàk(un)
Flax	Lion	Lyeeun
Flannel	Cùrainn, flanainn	Cooring, flanĕn
Flower	Flur	Floor
Footgear	Caiseart	Cashartt
Fringe	Fraoidhneis, oir	Fruînish, ur
Fur	Fionnadh	Fyunnugh
Garters	Gluinneanan	Gcllûnanun
Gloves (kid)	Lamhainnean	Llâvingun
,, (cloth)	Miotagan	Meettakun
Gown	Gun	Goon
Hair-net	Lion-cinn	Lyeeun-keeng
Handkerchief	Neapaic	Nyêpick
Hat	Ad	Att
Head-dress	Eididh-cinn	ātjĕ-keeng
Hose	Osain	Osun
Jacket	Peiteag mhuilichinneach	Petjac vûlichingach
Jewel	Seud	Shādt
Kilt	Feile, feile beag	Fālu, fālu pák

cot. côrd. phóto. fóld. shun. jeûne. jûte. wooed.

English.	Gaelic.	Orthoepy.
Laces	Iallan	Eeullunn
Leather	Leathar	Llehur
Linen	Anart, lion-eudach	Annurst, lyeeunuttach
Mantle	Tonnag	Ttonnak
Muff	Mutan	Müttan
Muslin	Pearluinn	Pyārrlling
Mutch	Muitse	Mütshu
Needle	Snathad	Snâhutt
Nightcap	Currachd-oiche	Cürruchk-óichu
Overcoat	Cota-mór	Cottu mŏr
Parasol	Sgailean	Skâlyan
Petticoat	Cota beag	Cottupák
Pin	Dealg	Djalak
Plaid	Breacan	Bprechkan
Pocket	Poca	Pŏchcu
Ribbon	Ribean, stiom	Ripan, stjeeum
Ring	Faine	Fânyu
Scarf	Stiom-amhaich	Stjeeum-auich
Sewing	Fuaigheal	Fûayill
Sealskin	Craicionn-roin	Craĕchkin-rôn
Serge	Cuirteir	Cürsjir
Shawl	Filleag, errasaid	Filyak, yarrusatj
Shirt	Leine	Lyānu
Silk	Sioda	Sheettu
Sleeves	Muilichinnean	Mülchingun
Slippers	Cuaranan	Cüaranun
Socks	Gearr-osain	Gkyârrosan
Snuff-box	Bocsa-snaoisein	Bóxu snûshin
Staff	Bata	Bpattu
Stitch	Greim	Gcreim
Stays	Cliabhan	Clĕuvun
Stockings	Osan	Osan
Suit	Deise	Djăshu
Tartan	Cadath, tartan, breacan	Cattu, tarsttan, prechkan
Thimble	Miaran	Mĕaran
Tape	Stiall cotain	Stjeeull cottan
Thread	Snàth	Snâ
Train	Earball	Erupull
Trimming	Sgiamhas	Skeeavas
Trousers	Briogais	Bprikish
Umbrella	Fasgadan	Faskuttan
Veil	Gnuis-bhrat	Gnûsh-vratt
Vest	Peiteng	Pátjak
Watch	Uaireadair	Ooaruttar
Worsted	Olladh	Ollu
Worsted (knitting)	Snath olladh	Sna óllu

fat. fàr. wet. wêre. fâte. fàme. wit. wĕ. wee.

XV.—Colours.

English.	Gaelic.	Orthoepy.
Colour, colours	Dath, dathan	Dda, dda-un
Auburn	Ruadh-bhuidhe	Rūa-vūi
Azure	Speur-ghorm	Spārghorum
Bay	Odhar	O-ur
Black	Dubh	Ddū
Blue	Gorm	Gorom
Blush	Ruthadh	Rūhugh
Brown	Donn	Ddounn
Dark blue	Dubh ghorm	Ddūghorom
Crimson	Cro-dhearg	Crōyarak
Dark grey	Dubh ghlas	Ddūghlas
Dark	Dorcha	Dorochu
Drab	Glas, odhar	Gllas, o-ur
Dun	Odhar, lachduinn	Our, llachking
Dye	Dath	Dda
Fair	Bàn	Bpân
Green	Uaine	Ooanu
Grey	Liath, glas	Lyeea, gllas
Hue	Dreach	Ddrach
Indigo	Dath ghuirmean	Ddaghūriman
Light grey	Liath ghlas	Lyeeaghlas
Light blue	Liath ghorm	Lyeeaghorom
Light	Soilleir	Sōlyir
Mauve	Liath-phurpur	Lyeeafūrpur
Olive	Donn-uaine	Ddounn-ūunu
Orange	Bui'-dhearg	Buiyarak
Pink	Bàn-dhearg	Bpânyarak
Purple	Purpur	Pūrpur
Pale	Bàn	Bpân
Rainbow	Bogha-frois	Bpoafrosh
Red, roan	Dearg, ruadh	Djarak, rūa
Ruby	Dearg	Djarak
Ruddy	Ruiteach	Rūtjach
Scarlet	Sgàrlaid	Skârlatj
Speckled	Ballach, breac	Bpallach, bprechk
Straw-coloured	Bàn-bhuidh	Bpân-vui
Striped	Stiallach	Steeullach
Tawny	Ruadh, odhar	Rūa, our
Tint	Nial	Nyeeall
Variegated	Ioma-dhath	Imugha
Vermillion	Corcur	Corcur
White	Geal, ban	Gyal, bpân
Yellow	Buidhe	Bpūi

cot. côrd. phóto. fôld. shun. jeûne. jûte. wooed.

XVI.—Commerce.

English.	Gaelic.	Orthoepy.
Commerce	Malairt	Malarj
Account	Cunntas	Cūnnttus
Audit	Sgrudadh	Skrūttu
Bank	Banca, tigh-iomlaid	Bancu, ttaĕ-imulaj
Bankrupt (adj)	Briste	Brishju
Bankruptcy	Briseadh creideis	Brishu crátjish
Bargain	Cordadh	Côrttugh
Bill (promissory)	Bann gealltanach	Baunn-gyaulttanach
Bond	Bann-cordaidh	Baunn-corttĕ
Buy	Ceannaich	Kyannich
Change	Iomlaid	Imullaj
Company	Cuideachd	Cūtjachk
Composition	Reiteachadh	Rātjachugh
Counter	Bòrd-buithe	Bpôrtt būyu
Credit	Creideas	Critjas
Creditors (creditors)	Fear (luchd) creideis	Fer (lūchk) cretjish
Customers	Luchd ceannaich	Lūchkyannich
Debt, debts	Fiach, fiachan	Feeuch, feeuchan
Debtors	Luchd feich	Lūchk fàich
Dividend	Roinn	Róing
Exchange	Iomlaid	Imulaj
Forgery	Meall-sgriobhadh	Meall-skreevugh
Goods	Bathar	Bpahar
Goodwill	Deadh-thoil	Djugh-hol
Interest	Riadh	Reeugh
Invoice	Maon-chlar	Mûnchlar
Loan	Coingheall	Conyall
Loss	Call	Caull
Merchandise	Marsantachd	Marsunttachk
Order	Ordugh	Orttugh
Pay, payment	Paidh, paidheadh	Paĕ, paĕyugh
Partnership	Co-shealbh	Co-heliv
Premium	Saor-dhuais	Sur-ghūesh
Profit	Buannachd	Būannachk
Receipt	Bann-cuidhteacha	Baunn-cūitjachu
Retail	Meanbh-reic	Meniv-reichk
Sell	Reic	Reichk
Share, shares	Còir, coirichean	Côr, côrichun
Shop	Buth	Bpū
Surplus	Barrachd	Barrachk
Trade	Ceannachd	Kyannachk
Value, worth	Luach	Llūach
Warehouse	Taigh-tasgaidh	Taĕ-ttaskĕ
Wholesale	Slàn-reic	Sllàn-reichk

fat. fār. wet. wĕre. fáte. fāme. wit. wĕ. wee.

XVII.—The Country.

English.	Gaelic.	Orthoepy.
Country	Duthaich	Ddūhich
Bank	Bruaich	Brūaich
Burn	Allt	Aullt
Canal	Amar, eileach	Amar, elach
Castle	Caisteal, dùn	Cashjal ddûn
Cave	Uaimh	Uaĕv
Distance	Astar	Asttnr
Estate	Oighreachd	Oirachk
Fence	Dìg	Djeek
Field	Raon	Rûn
Forest	Frith, coille	Free, cólyu
Flood	Tuil	Ttūl
Garden	Lios, garadh	Lyiss, gcárugh
Grass	Feur, fiar	Fär, feear
Hedge	Callaid	Callitj
Highroad	Rathad mór	Rahutt mör
Hill	Cnoc	Cnochk
House	Taigh	Ttaĕ
Hut	Bothan	Bpohan
Inn	Tigh-osda	Ttaĕ-ôsttu
Lake	Loch	Lloch
Marsh	Boglach	Bpokllach
Meadow	Foiche	Foichu
Mill	Muilionn	Mūlyunn
Moor	Blàr, monadh	Bpllâr, monugh
Mountain	Beinn	Bpáing
Park	Achaidh	Achĕ
Path	Ceum	Kyăm
Plain	Machair	Machur
Pond	Lòn	Llôn
Railway	Rathad-iaruinn	Rahutt-ĕaring
River	Amhainn	Aving
Road	Rathad	Rahutt
Rock	Creig	Crăik
Spring	Fuaran	Fūaran
Stone	Clach	Cllach
Stream	Sruth	Srū
Trees	Craobhan	Crâvun
Valley	Gleann	Gcïaunn
View	Sealladh	Shallugh
Village	Baile-beag	Balupák
Waterfall	Eas	Ess
Well	Tobair	Ttŏpur
Wood	Coille	Cólyu

cot. côrd. phóto. fôld. shuu. jeûne. jûte. wooed.

XVIII.—Disease.

English.	Gaelic	Orthoepy.
Accident	Tuiteamas	Ttūtjimus
Ague	A cbrith	Uchrĕ
Asthma	Gearr-analach	Gyârranallach
Bleeding	Call fola	Caull-follu
Boil	Neasgaid	Nyeskatj
Bruise	Bruthadh	Bprū-ugh
Burning	Losgadh	Loscugh
Chilblain	Fuachd-at	Fūachk-aht
Cold	Cnatan	Knattan
Consumption	Tinneas-caitheimh	Tjĕnyis-cahĕ
Infection	Gabhaltachd	Gaviltachk
Convalescence	Feothas	Fyo-us
Corn	Calunn	Calunn
Cough	Casad	Casutt
Cramp	Iodh	Yugh
Disease	Galar	Gallar
Dizziness	Boile	Bpólu
Dropsy	Meud-bhronn	Mättvronn
Falling sickness	Tinneas tuiteam	Tjĕnyis ttūtjum
Fever	Fiabhrus, teasach	Feeurus, tjásach
Fit	Teum	Tjäm
Headache	Ceann goirt	Kyann-gcorshj
Heart disease	Galar-cridhe	Gallar-cree
Hoarseness	Tuchan	Ttoochan
Illness	Euslaint	Esllantj
Indigestion	Cion-meirbhidh	Kin-mirivĕ
Itching	Tachus	Ttachus
Jaundice	Buidheach	Bpũyach
Madness	Caothach	Cûach
Measles	A ghriùthrach	Ughrūrach
Medicine	Cungaidh	Cūngĕ
Pain	Pian, cràdh	Peeun, crâgh
Paralysis	Pairilis	Parilĕsh
Plaster	Plàsda	Pllâsttu
Rheumatism	Siataig, lòinidh	Sheeattic, llônyĕ
Shivering	Crith	Crĕ
Sickness	Tinneas	Tjĕnyis
Smallpox	Bhreac	Vrechk, vrachk
Sprain	Sniomh, siachadh	Syneuv, shĕachu
Swelling	At	Att
Swoon	Nial	Nyeeall
Toothache	Deudadh	Djáttugh
Whooping cough	Truch	Trūch
Wound	Leòn	Lyôn

fat. fâr. wet. wĕre. fâte. fame. wit. wĕ. wee.

XIX.—The Earth.

English.	Gaelic.	Orthoepy.
Air	Aile	Alu
Atmosphere	Adhar	Abur
Brass	Umha	U-a
Brook	Allt	Aulltt
Cape	Ceann, maol	Kyaunn, mûll
Clay	Cria	Creea
Continent	Tir-mor	Tjĕr mōr
Copper	Copar	Cohpur
Current	Sruth	Srū
Desert	Fàsach	Fâsach
Dust	Dus	Ddūs
Earth	Talamh	Ttalluv
East	Aird-an-ear	Arjunyer
Flint	Spor	Spor
Globe	Cruinne	Crūinyu
Gold	Or	ôr
Iron	Iarrunn	Eearunn
Island	Eilean	Elau
Isthmus	Tairbeart	Ttarapyart
Lakes	Lochan	Llochun
Lead	Luaidh	Llūaĕ
Metal	Miotailt	Mĕttaltj
Mountains	Beanntan	Bpyaunttun
Mud	Poll	Poull
North	Tuath	Ttūa
Ocean	Cuan	Cūan
Plains	Machraichean	Machrichun
Promontory	Rudha	Rū-u
Reef	Sgeir	Skár
Rivers	Aimhnichean	A-ĕnichun
Rocks	Creagan	Crākun
Sand	Gaineamh	Ganev
Sea	Muir	Mūr
Shore	Traigh	Ttraĕ
South	Deas	Djás
Steel	Cruaidh, stailinn	Crūaĕ, sttaling
Stones	Clachan	Cllachan
Terrestrial	Talmhaidh	Ttallavĕ
Timber	Fiodh	Fyugh
Valley	Gleann	Glaunn
Water	Uisge	Uishkyu
West	Aird-an-iarr	Arjunyeear
Wood, forest	Coille	Colyu
World	Saoghal	Sû-ull

cot. côrd. phóto. fôld. shun. jeûne. jûte. wooed

XX.—Food and Drink.

English.	Gaelic.	Orthoepy.
Beef	Mairtəoil	Marshjol
Beer	Leann	Lyaunn
Boiled meat	Feoil bhruich	Fyôl vrūich
Bread	Aran	Aran
Breakfast	Biadh-maidne	Bpeea-mattnyu
Broth	Brot	Bprott
Butter	Im	Eem
Cheese	Caise	Câshu
Coffee	Cofi	Cofĕ
Cream	Cĕath	Kyêa
Dinner	Dineir	Djeenyar
Drink	Deoch	Djoch
Eating	Itheadh	ĕhu
Egg	Ubh	ûv, û
Fish	Iasg	Eeusk
Flesh	Feòil	Fyôl
Flour	Min-chrionnachd	Mĕn chrinachk
Food	Biadh	Bpee-u
Fruits	Measan	Mesun
Haggis	Taigeas	Tačkas
Honey	Mil	Mĕl
Jam	Milsean, measan	Meelshan, messun
Lamb	Uaineil	Uanal
Loaf	Builionn	Bûlyunn
Meal	Min	Mĕn
Milk	Bainne	Bpanyu
Mutton	Muilteoil	Mŭltjal
Oatmeal	Min-choirce	Mĕnchoirku
Pork	Muiceoil	Mūichkal
Porridge	Lite	Lyĕtju
Potatoes	Buntàta	Bûnttâttu
Pudding	Marag	Marak
Roast meat	Feoil-roiste	Fyôl rôshju
Salt	Salainn	Salling
Sauce	Leannra, sabhsa	Lyaunnru, saussu
Seasoning	Amhlainn	Aulling
Supper	Suipeir	Sūipar
Tea	Té	Ttä
Veal	Laoigheil	Llûiel
Venison	Sithionn	Shĕunn
Vinegar	Fion-geur	Feeungyär
Whey	Meòg	Myôk
Whisky	Uisge-beatha	Uishkyupehu
Wine	Fion	Fĕun

fat. fär. wet. wĕre. fäte. fäme. wit. wĕ. wee.

XXI.—Games and Recreations.

English.	Gaelic.	Orthoepy.
Ball	Ball	Baull
Bat	Slacan	Sllachkan
Blind man's buff	Dallandà	Ddallantâ
Cards	Cairtean	Carʒjun
Concert	Co-sheirm	Coherim
Conundrums	Toimhseachan	Ttôshichan
Chess	Tàileasg	Ttâlyesk
Dancing	Dannsa	Ddaunsu
Dice	Disnean	Djeesnun
Draughts	Fireoirne	Fér yôrnu
Draughtboard	Bord-dubh	Bporttü
Football	Ball-coise	Baull-cóshu
Games	Sporsan	Spôrsun
Hide-and-seek	Folach-fead	Follach fátt
Leaping	Leum	Lyām
Playing	Cluich	Cllüich
Reel	Ruidhle	Rüilu
Quoits	Peilistearan	Pālishjaran
Recreation	Culaidh-shugraidh	Cüllé-hookrĕ
Running	Ruith	Ruĕ
Shinty	Camanachd	Camanachk
Sports	Cluichean	Cllüichun

XXII.—The Heavens.

Astronomy	Reul-eolas	Rrāll yôllus
Aurora borealis	Fir-chlis	Fir chlesh
Clouds	Neoil	Nyôl
Constellation	Reul-ghrioglan	Rāl-ghrĕklan
Eclipse	Duabhar	Ddüavar
Full moon	Gealach lan	Gyallach llân
Heavens	Speuran	Spārun
Meteor	Caoir	Cûir
Moon	Gealach	Gyallach
New moon	Gealach ùr	Gyallach ür
Planets	Reul shiubhlach	Rrāl hyoollach
Pleiades	Grioglachan	Grĕklachan
Plough	An crann	Un graunn
Sky	An t-adhar	Undda-ur
Star	Reul	Rrāll
Sun	A ghrian	Ughrĕun
Sunrise	Eiridh greine	ārĕ-crānu
Sunset	Luidh greine	Llaĕ-crānu
Universe	Cruinne cé	Crünyukā

cot. côrd. phóto. föld. shua. jeûne. jûte. wooed.

XXIII.—House and Furniture.

English.	Gaelic.	Orthoepy.
Bell	Clag	Cllak
Bellows	Balg-seid	Bpallag shătj
Bed	Leabaidh	Lyapĕ
Blanket	Plaide	Pllatju
Candle	Coi᳑neal	Cónyal
Carpet	Brat-ùrlair, straille	Bprătoorllar, strályu
Chair	Cathair, suì'chan	Cahir, sùichan
Chest	Ciste	Kĕshtju
Chimney	Luidhear	Lyûyar
Coal	Gual	Gûal
Comb	Cìr	Keer
Cup	Cùp	Coop
Curtain	Cuirtein, sgàile	Cûrsttin, skâlyu
Door	Dorus	Ddorus
Dish	Soitheach	Sóyach
Fire	Teine	Tjánu
Floor	Urlar	Oorllar
Fork	Gramaiche	Gramichu
Furniture	Airneis	Arnyish
Glass	Glaine	Gllanyu
Grate	Cliabh-teine	Cleeuv-tjánu
Hearth	Teintein	Tjeintjan
House	Taigh	T'taĕ
Kettle	Coire	Coru
Key	Iuchair	Yûchar
Knife	Sgian	Skeeun
Lock	Glas	Gllas
Lobby	Eadar-sheomar	Ettur-hyômur
Mirror	Sgathan	Skâhan
Peat	Fòid	Fótj
Picture	Dealbh	Djallav
Pillow	Cluasag	Clûasak
Plate	Truinnseir	Ttrûinshir
Pot	Poit	Potj
Room	Seomar	Shômur
Seat	Suidheachan	Sûyachan
Sofa	Langasaid	Llankusatj
Spoon	Spàn	Spân
Table	Bòrd	Bpôrtt
Tongs	Clobha	Cllou
Towel	Seireadar	Sherrittar
Tub	Balann	Bpallan
Wall	Balla	Bpallu
Window	Uineag	ûnyak

fat. fär. wet. wêre. fáte. fâme. wit. wĕ. wee.

XXIV.—Implements.

English.	Gaelic.	Orthoepy.
Adze	Tàl	Ttàll
Anchor	Achdar	Achkur
Auger	Tor	Ttôrr
Awl	Minidh	Mĕnĕ
Axe	Tuath	Ttŭa
Brush	Sguab, bruis	Scŭap, bprŭsh
Chisel	Gilib	Gilip
Cleaver	Lamhag	Llâvak
Compasses	Gobhal-roinn	Gcoull-róing
Crane	Inneal togail	Eenyall--ttŏkal
Crowbar	Geimhleag	Geilak
File	Eighe, liomhan	Ei, lyeeuvan
Fork	Gramaiche	Gramichu
Hammer	Ord	ôrtt
Harrow	Cliath	Cleea
Hoe	Fal-fuinn, sgrioban	Fallfŭing, skreepan
Hook	Dubhan	Ddŭan
Knife	Sgian	Skeeun
Last	Ceap	Kep
Loom	Beairt	Byarshj
Machine	Inneal, beairt	Eenyall, byarshj
Mallet	Fairche	Farichu
Needle	Snathad	Snahutt
Pen	Peann	Pyâunn
Pick	Piocaid	Pyuchcatj
Pincers	Turcais	Ttŭrcash
Plane	Locair	Llochcur
Plough	Crann	Craunn
Pruninghook	Corran-sgathaidh	Corran-scahĕ
Rake	Ràchd	Râchk
Razor	Ealtuinn	Yaltting
Saw	Sabh	Sau
Scissors	Siosair	Shĕsar
Scythe	Speal	Spyall
Shovel	Sluasaid	Slŭasatj
Shuttle	Spal	Spall
Sickle	Corran	Corran
Spade	Caibe	Kaĕpu
Stamp	Clodh	Cllŏ
Thimble	Miaran	Meearan
Tool	Inneal	Eenyall
Trowel	Spain-aoil, trubhan	Spânûil, ttrŭan
Vice	Gramaiche	Gramichu
Wedge	Geinn	Geing

oot. oĕrd. phóto. fôld. shun. jeûne. jûte. woeed.

XXV.—Kindred.

English.	Gaelic	Orthoepy
Ancestors	Sinnsre	Sheennsru
Aunt	{ Piuthar màthar	Pyūar mâhar
	{ Piuthar athar	Pyūar ahur
Bride	Bean bainnse	Bpen baěnshu
Bridegroom	Fear bainnse	Fer baěnshu
Brother	Brathair	Pprâhur
Brother-in-law	Brathair ceile	Pprahur-kyälu
Child	Leanabh	Lyenuv
Consanguinity	Dàimh	Ddāěv
Cousin	Comh-ogha	Co-óhu
Daughter	Nighean	Nyěun
Daughter-in-law	Bana-chliamhuinn	Bpanachleeuving
Descendants	Sliochd	Slyichk
Family	Teaghlach	Tjughllach
Father	Athair	Ahur
Father-in-law	Athair-ceile	Ahur-kyälu
Foster-child	Dalta	Ddalltu
Foster-father	Oide	Oitju
Foster-mother	Muime	Mūimu
Grandchild	Ogha	O-hu
Grandfather	Sean'air	Shenar
Grandmother	Seanmh'air	Shenavar
Great grandfather	Sinnseanair	Sheenshenar
Great grandmother	Sinnseanmh'air	Sheen shenavar
Husband	Fear	Fer
Heir	Oighre	Oiru
Kindred	Luchd-daimh	Lllūchkddaěv
Kinship	Cleamhnus	Claunus
Mother	Mathair	Mâhur
Mother-in-law	Mathair-ceile	Mahurkyälu
Nephew	{ Mac brathar	Machk brâhur
	{ Mac peathar	Machkpehar
Niece	{ Nighean brathar	Nyěunbrâhur
	{ Nighean peathar	Nvéunpehur
Relatives	Cairdean	Cârtjun
Sister	Piuthar	Pyūur
Sister-in-law	Piuthar-ceile	Pyūurkälu
Son	Mac	Machk
Son-in-law	Cliamhuinn	Cleeuving
Stepson	Mac-ceile	Machkyälu
Uncle	{ Brathair mathar	Bprahur-mâhur
	{ Brathair athar	Bprahur-ahur
Widow	Banntrach	Bpaunttrach
Wife	Bean	Bpen

fat. får. wet. wěre. fáte. fâme. wit. wě. wee. ,

XXVI.—Law.

English.	Gaelic.	Orthoepy.
Advocate	Fear-tagair	Fer ttakur
Appeal	Cuis-thogail	Coosh-hókal
Accusation	Casaid	Casaitj
Court	Cuirt, mòd	Coorshj, mòtj
Crime	Balc	Bpallk
Defence	Dion, leithsgeul	Djeeun, lyeishkel
Fine	Ubhladh, peanas	Oollugh, penas
Judge	Breitheamh	Bprehiv
Judgment	Breith	Bpreh
Jury	Luchd-deuchann	Llúchk-djäching
Law	Lagh	Llugh
Lawyer	Fear-lagh	Fer llugh
Magistrate	Fear-riaghlaidh	Fer reeullà
Policeman	Maor-sithe	Mûr shee
Penalty	Peanas	Penas
Sentence	Binn	Bpeeng
Sheriff	Siorra	Shirra
Statute	Reachd	Rachk
Summons	Gairm	Gcurum
Witness	Fianuis	Feeanish

XXVII.—Literature.

Author	Ughdar	Oottur
Book	Leabhar	Lyowir
Dictionary	Foclair	Fochcllar
Fiction	Faoinsgeul	Fûuskyäll
History	Eachdraidh	Yaᴖhttrĕ
Index	Clar-innse	Cllar-eenshu
Language	Cainnt	Caĕutj
Leaf	Duilleag	Ddûlyak
Letter	Litir	Lyĕtjir
Library	Leabhar lann	Lvowir-launn
Newspaper	Paipear naigheachd	Paĕpar-nayachk
Novel	Uirsgeul	Oorskyäl
Paper	Paipear	Paĕpar
Poetry	Bardachd	Bpärttachk
Preface	Roi'-radh	Roirà
Printing	Clodhadh	Cllo-ugh
Reading	Leughadh	Lyä-ugh
Satire	Aoir	úir
Song	Oran	òran
Volume	Pasgan	Paskan
Work	Obair	ópur
Writing	Sgriobhadh	Skreevugh

cot. oòrd. phóto. fòld. shun. jeûne. jûte. wooed.

XXVIII.—Mankind.

English.	Gaelic.	Orthoepy.
Age	Aois	û-ish
Baby	Naoidh'chan	Nûichan
Bachelor	Seann-ghille	Shaunn-yĕlyu
Boy	Brogach	Bprocach
Chief	Ceann-cinnidh	Kyaunn-kingĕ
Children	Clann, cloinn	Cllaunn, cllŏing
Clan	Cinneadh, clann	Kinyugh, cllaunn
Female	Boirionnach	Bpórunnach
Girl	Caileag	Calak
Infant	Leanabh	Lyenuv
Lad	Gille	Gyĕlyu
Lass	Nighean	Nyĕ-un
Maid	Maighdean	Maĕ-tjun
Male	Firionnach	Férinnach
Man, men	Duine, daoine	Ddûnu, dpûnu
Nation	Cinneach	Kĕnyach
Old man	Bodach	Bpottach
Old hag	Cailleach	Kalyach
Orphan	Dilleachdan	Djeelyachkan
People	Sluagh	Sllûa
Person	Neach	Nyach
Race	Cinneadh	King-yugh
Spinster	'Seann-mhaighdean	Shaunn-vóitjnn
Virgin	Oigh	ŏĕ
Woman	Bean	Ḃpen
Young man	Oganach	ŏcanach
Youth	Oige	ŏikyu

XXIX.—The Mind.

Desire	Iarrtas	Eersttus
Fancy	Mac-meamna	Machk-memunu
Fear	Eagal	Ekull
Feeling	Faireachadh	Farachugh
Grief	Bròn	Bprôn
Hope	Dochas	Ddŏchus
Judgment	Breithneachadh	Brănachugh
Knowledge	Eolas	Yŏllus
Memory	Cuimhne	Cûinu
Mind	Inntinn	Eentjing
Reason	Ciall	Kyeeull
Sense	Toinisg	Tttonĕshk
Shame	Nàire	Nâru
Thought	Smuain	Smûin
Understanding	Tuigse	Ttûikshu
Will	Toil	Ttol

fat. fâr. wet. wêre. fâte. fâme. wit. wĕ. wee.

XXX.—Money.

English.	Gaelic.	Orthoepy.
Farthing	Feoirling	Fyôrl-ying
Halfpenny (Sixpence Scots) }	Bonn-a-sia	Bpounn usheea
Penny (Shilling Scots) }	Peighinn / Sgilinn	Pä-ing / Skëling
Groat	Gròt	Gcrôtt
Sixpence	Sia sgilinn	Sheea-skëling
Shilling	{ Tasdan / Sgilinn shasunnach	Ttasttan - / Skëling hasunnach
Florin	Da thasdan	Dda hasttan j
Crown	Crün	Croon
Half-a-crown	Leth-chrun	Lyechrūn
Sovereign	Punnd sasunnach	Poontt sasunnach
Guinea	Gini	Gënë
A coin	Bonn	Bpounn
Money	Airgiod	Arikitt
Change	lomlaid	Imullatj
Paper Money	Airgiod paipear	Arikitt paëpar
Copper	Copar	Copur
Silver	Airgiod	Arikitt
Gold	Or	ôr

XXXI.—Music.

Air	Fonn, tèis	Founn, tjäsh
Bagpipe	Piob-mhor	Peep vör
Chorus	Co-sheirm	Coherim
Dance music	Ceol-dannsa	Kyôl ddaunnsu
Execution	Fileantachd	Fëlunttachk
Harmony	Co-fhuaimneach	Co-ūämnyach
Harp	Clarsach	Cllârsach
Jew's harp	Tromb	Ttrômp
Key, clef	Uchdach	Uchcach
Melody	Binneas	Bpënyis
Music	Ceol	Kyöl
Musician	Fear-ciuil	Fer kyool
Note	Ponc	Pónk
Pipe	Pioh	Peep
Playing	Cluich	Cllūich
Singing	Seinn	Sheing
Song	Oran	ôran
String	Teud	Tjätt
Tune	Fonn	Founn
Voice	Guth	Gū
Violin	Fiodhal	Fëull
Whistle	Feadan	Fátan

oot. oörd. phóto. fôld. shun. jeûne. jûte. woved.

XXXII,—Names of Persons.

English.	Gaelic.	Orthoepy.
Adam	Adhamh	Aghŭ
Alexander, Alick	Alastair, Alai	Allusttur, Alĕ
Allan	Ailean	Alan
Andrew	Anndra	Aunnttra
Angus	Aonghas .	ûnus
Ann	Anna	Annu
Archibald	Gilleasbuig	Gilespik
Arthur	Art	Arstt
Beatrice	Beatarais	Bätturish
Charles	Tearlach	Tjârllach
Christina	Caristiona	Caristjeeunu
Colin	Cailean	Calan
David	Da'idh	Dda-ĕ
Donald	Domhnul	Ddônull
Dugald	Dughall	Ddŭ-ull
Duncan	Donncha	Ddŭnnuchu
Elizabeth, Betsy	Ealasaid, Beatai	Yallusatj, Bpättĕ
Euphemia	Aoirig	ûrric
Evan, Ewen	Eoghainn	Yó-ing
Finlay	Fionnla	Fyoonnla
Flora	Fionnaghal	Fyunnaghall
George	Seorus, Deorsa	Shôrus, Djôrsu
Grace, Grissel	Giorsail	Gursal, Girsal
Hector	Eachann	Yachunn
Helen	Eilidh	Elĕ, alĕ
Henry	Eanruig	Eearĕk
Hugh	Uisdein	Oosjan
Isabella	Iosbail	Eespal
James	Seumas, Siamas	Shämus, Shĕamus
Jane, Janet	Seana, Seònaid	Shänu, Shônatj
John	Iain	čan
Katherine, Kate	Caitriona, Ceat	Cattreeunu, Kyätt
Kenneth	Coinneach	Cónyach
Louis	Ludhais	Llŭ-ash
Malcolm	Callum	Callum
Margaret, Maggie	Mairearad, Peig	Maruratt, Peik
Marjory	Marsailidh	Marsulĕ
Martin	Martuinn	Mârstting
Martha	Moireach	Mórach
Mary	Màiri	Mârĕ
Michael	Micheil	Meechyal
Murdoch	Murcha	Mŭruchu
Neil	Nial	Nyeeull
Norman	Tormaid	Ttoromatj

fat. fär. wet. wêre. fáte. fâme. wit. wĕ. wee.

English.	Gaelic.	Orthoëpy.
Peter, Patrick	Padruig	Pâttrik
Rachael	Raoilt	Rûiltj
Rebecca	Beathag	Bpehak
Robert	Rob, Raibeart	Rop, Raĕparst
Sarah	Mór	Mŏr
Samuel	Somhairle	Sohirlyu
Simon	Sim	Sheem
Sophia	Beathag	Bpehak
Thomas	Tòmas	Ttŏmas
William	Uilleam	Oolyam

Surnames.

Bain	Bàin	Bpân
Cameron	Camshron	Camuron
Campbell	Caimbeul	Kaĕmpáll
Chisholm	Siosal	Shĕsail
Dougall	Dughal	Ddū-ull
Douglas	Dùglas	Ddūclias
Forbes	Fuirbeis	Furipash
Fraser	Friseal	Frĕshal
Gillespie	Gilleasbuig	Gĕlyespik
Gilchrist	Gillecriosd	Gĕlyecreeust
Grant	Grannd	Gcraunnt
Macadam	Mac Adhamh	Machk âghu
Macbean, Macvean	,, Bheathain	,, vehan
Macallum	,, Calluim	,, callum
Macdonald	,, Dhomhnuill, Do-nullach	,, ghonǎll llach Ddòn-llach
Macewen	,, Eoghainn	,, yŏing
Macfarlane	,, Pharlainn	,, fârllaing
Macgregor	,, Ghriogair, Grioga-lach	,, ghrĕkar, lach Grĕga-lach
Mackay	,, Aoidh	,, ūĕ
Mackintosh	,, an-Toisich	,, unddŏshich
Macintyre	,, an-t-saoir	,, unddûr
Mackenzie	,, coinnich	,, cónyich
Maclean	,, 'Illeathain	,, ilyehan
Macleod	,, Leoid	,, lŏitj
Macmillan	,. 'Ille-mhaoil	,, ilyevûl
Macnab	,, an-aba	,, unapu
Macphail	,, Phàil	,, fâill
Macqueen	,, Cuinn	,, ūing
Macrae	,, Rath	,, ra
Ross	Ros	Ross
Stuart	Stiubhart	Stjūvartt

cot. côrd. phôto. fôld. shua. jeûne. jûte. wooed.

XXXIII.—Names of Places.

English.	Gaelic.	Orthoepy.
Aberdeen	Abaireadhan	Apureun, ŏpureun
Argyle	Araghaidheil	Arughà-ill
Britain	Breatuinn	Bprätting
Caithness	Cataobh	Cattuv
Clyde	Cluaidh	Cllŭĕĕ
Crieff	Craoibh	Crŭĕ
Denmark	Lochluinn	Llochlling
Dublin	Bail-o-cliar	Balocleeur
Edinburgh	Dun-eideann	Ddŭnätjunn
Egypt	An Eiphid	Un añtj
England	Sasunn	Sasunn
Europe	An roinn Eorp	Un roing yŏrp
Falkirk	An Eaglais Bhreac	Un Ekllish vrachk
Forres	Farrais	Farrash
Forth river	Amhainn Shrui	Aving hrŭi
France	An Fhraing	Un raĕnk
Germany	A Ghearmailt	Ughyerumaltj
Glasgow	Glaschu	Gllaschŭ
Greece	A Ghrèig	Ughräik
Highlands of Scotland	A Ghái'ltachd	Ughâillttachk
Holland	An Olaind	Un ŏllantj
India, Indies	Na h-Innseachan	Nu heenshachan
Inverness	Inbhirais	Invirnĕsh
Ireland	Eirionn	ärun
Italy	An Eadailt	Un Ettaltj
Isle of Man	An t-eilean Manainneach	Un djālan maning-ach
Isle of Skye	An t-eilean Sgia'nach	Un djālan Skĕanach
Lewis	Leodhas	Lyŏ-is
London	Lunainn	Llunning
Lowlands of Scotland	A Ghalldachd	Ughaullttachk
Nairn	Inbhear Nairn	Invir narrun;
Newcastle	A Chaisteal-nodha	Uchastjal noa
Oban	An t-Oban	Un ddŏpan
Perth	Peairt	Pyarsj
Rome	An Roimh	Un rôi
Scotland	Alba, Albainn	Allapu, Allaping
Spain	An Spain	Un Spâ-ing
Sweden	An t-Suaine	Un ttñain
Stirling	Struila	Sttrñila
Tay	Tatha	Ttahu
Tain	Baile-Dhubhaich	Balughñich
Turkey	Au Tuirc	Un ddŭirk
Wales	An Odhailt	Un ŏaltj

fat. fár. wet. wêre. fáte. fâme. wit. wĕ. wee.

XXXIV.—Number.

English.	Gaelic.	Orthoepy.
One, one man	A h-aon, aon duine	Uhûn, ûn ddûnu
Two, two men	A dha, da dhuine	Ughâ, ddâghûnu
Three, three men	A tri, tri daoine	Uttree, ttree ddûnu
Four (men)	Ceithir (daoine)	Káhir (ddûnu)
Five	Cuig	Cöik
Six	Sea	Shĕa
Seven	Seachd	Shachk
Eight	Ochd	Ochk
Nine	Naoi	Nûi
Ten	Deich	Djeich
Eleven, eleven men	A h-aon-deug, aon duine deug	Uhûndjäk, ûnddûnu djĕuk
Twelve, twelve men	Dha-deug, da dhuine deug	Ghâdjĕuk, ddâghûnu djĕuk
Twenty, twenty men	Fichead, fichead duine	Fichutt, fĕchutt ddûnu
Twenty-one men	Aon duine thar fhichead	ûnddûnu arĕchyutt
Twenty-two	Dha thar fhichead	Ghâ arĕchyutt
Thirty	Deich thar fhichead	Djeich arĕchyutt
Thirty-one	Aon deug thar fhichead	Undjek arĕchyutt
Forty men	Da fhichead duine	Dda ĕchyutt ddûnu
Fifty	Leth-cheud	Lyechyutt
Sixty	Tri fichead	Ttree fĕchyutt
A hundred men	Ceud daone	Keeutt ddûnu
A hundred and one	Ceud 's a h-aon	Keeutt su hûn
A thousand	Mile	Meelu
A million	Muillion	Mûlyun
The first man	A cheud duine	Uchyeeutt ddûnu
The second man	An dara duine	Un ddaru ddûnu
The third	An tritheamh	Un drĕuv
The fourth	An ceathramh	Un keruv
The fifth	An cuigeamh	Un göikiv
The tenth	An deicheamh	Un djeichiv
The eleventh man	An t-aon duine deug	Un ddûn ddûnu djeeuk
The twelfth man	An dara dûine deug	Un ddaru ddûnu djeeuk
The thirteenth	An tritheamh deug	Un drĕuv djĕuk
The twentieth	Am ficheadamh	Um fĕchyuttiv
The twenty-first	An t-aon thar fhichead	Un ddûn harĕchyutt
The thirtieth	An deicheamh thar fhichead	Un djeichiv harĕchyutt
The fortieth	An da-fhicheadamh	Un dda ĕchyuttuv
The hundredth	An ceudamh	Un gĕuttuv
The thousandth	Am mileamh	Um meeluv
Once, twice, etc.	Aon uair, da uair, etc.	ûn ûur, dda ûur
Firstly, etc.	S' a cheud aite, etc.	Such-yeeutt âtju

cot. oôrd. phóto. foïd. shun. jeûne. jäte. wooed.

XXXV.—Religion.

English.	Gaelic.	Orthoepy.
The Almighty	An t-Uilechumhachdach	Unddūlu-chūachkach
An angel	Aingeal	Aěghill
The Bible	Am Biobull	Um beepull
Christian	Criosduidh	Creeusttě
Conscience	Coguis	Cokish
Conversion	Iompachadh	Impachugh, yŭmpachugh
Creator	Cruithfhear	Crūyer
Cross	Crann-ceusaidh	Craunn-kǎsě
Crucifixion	Ceusadh	Kǎsugh
Day of Judgment	La bhreitheanais	Lla vráhanish
Devil	Diobhal	Djeeuvull
Eternity	Siorruidheachd	Sheeurrěyachk
Faith	Creideamh	Cretjiv
Forgiveness	Maitheanas	Mahunus
God	Dia	Djeeu
Gospel	Soisgeul	Soishkyall
Heaven	Neamh	Nyěv
Hell	Ifrionn	Ifring
Holy Ghost	Spiorad Naomh	Spěrutt nûv
Holiness	Naomhachd	Nûvachk
Hymn	Laoidh	Llūě
Jesus Christ	Iosa Criosd	Eeusu Creeustt
Judgment	Breitheanas	Brehanus
Justice	Ceartas	Kyarstus
Law	Lagh	Llugh
Our Lord	Ar Tighearna	Ur Tjěurnu
Mercy	Trocair	Ttrochur
Perfection	Foirfeachd	Furifachk
Praise	Moladh	Molugh
Prayer	Uirnigh	Urnyě
Providence	Freasdal	Frásttull
Psalm	Sailm	Sallam
Redeemer	Fear-saoraidh	Fer sûrě
Religious	Crabhach, còir	Cràvach, côr
Repentance	Aithreachas	Aruchus
Salvation	Slainte	Sllàntju
Saviour	Slanuighear	Slanněar
Scripture	Scrioptuir	Scriptir
Sin, sinner	Peacadh, peacach	Pyachcugh, pyachcach
Soul	Anam	Anum
Spirit	Spiorad	Spěrutt
Truth	Firinn	Feering
Word of God	Focal Dè	Fochcull Djà
Worship	Aoradh	ûrugh

fat. fár. wet. wěre. fáte. fåme. wit. wǒ. wee.

XXXVI.—The Sea.

English.	Gaelic.	Orthoepy.
Boat	Bàta	Bpâttu
Compass	Cairt-iuil	Carsj-yool
Ebb-tide	Traghadh	Ttrâ-ugh
Flood-tide	Lionadh	Lyeeunugh
Fleet	Cabhlach	Câvllach
Harbour	Caladh	Callu
Lighthouse	Taigh-soluis	Ttaĕ-sollish
Ocean	Cuan	Cŭun
Port	Poirt	Porstt
Sail	Seò!, sgòd	Shôll, scôtt
Sea	Muir	Mŭr
Ship, ships	Long, luingeas	Llóng, llŭnyis
Steamship	Long-smùid	Llóng-smŭtj
Tide	Sruth-mara	Srŭ-maru
Vessel	Soitheach	Sóyach
Waves	Tonna	Ttónnu
Wreck	Briseadh	Brishugh

XXXVII.—The State

Army, an army	Arm, armailt	Aram, aramaltj
Court	Cuirt	Cŭrsj
Established Church	Eaglais shuidhichte	Eklish hŭichju
Government	Riaghladh	Rrĕughllu
House of Lords	Taigh nam morairean	Ttaĕ num moirirun
House of Commons	Taigh nan islean	Ttaĕ nun eeshlun
King	Righ	Rree
Kingdom	Rioghachd	Rree-achk
Member of Parliament	Ball Parlamaid	Bpaull Parllumatj
Nation	Cinneach	King-ach
Navy	Cabhlach	Câvllach
Parliament	Parlamaid ; ard-mhòd	Parllumatj, ârt· vôtt
Premier	Priomhair	Preeuvir
Prince	Prionnsa	Proonnsu
Nobles, lords	Flathan, morairean	Flahun, morurun
Queen	Ban-righ	Bpaŭnn-rree
Rebellion	Ceannairc	Kyannirk
Revenue	Teachd a staigh	Tjuchkusttaĕ
Royal Family	Teaghlach rioghail	Tjullach reeghal
Session	Seisein	Sháshin
State	Stàit	Sttâtj
Statute	Reachd	Rachk
Tax	Cìs	Keesh
Throne	Cathair	Cahur

cot. côrd. phóto. fôld. shun. jeûne. jûte. wooed

XXXVIII.—Time.

English.	Gaelic.	Orthoepy.
Minute	Mionaid	Měnatj
Five minutes	Cuig mionaidean	Cóik měnatjin
Quarter of an hour	Cairteal na h-uaire	Carsjal nuhūuru
Half an hour	Leth-uair	Lyehūur
An hour	Uair	ūar
Two hours	Da uair a dh' uine	Dda ūur ughoonu
Three hours	Tri uairean	Ttree ūurun
Half an hour ago	O chionn leth-uair	Ochyūnn lyeūr
What o'clock is it?	De'n uair tha e?	Djān ūur ha e?
What time is it?	De'n t-àm a tha e?	Djān ddaum uhâ e?
Have we time?	Bheil uin' againn?	Vál oon aking?
It's one o'clock	Tha e (aon) uair	Ha e (ūn) ūur
Two o'clock	Da uair	Dda ūur
Seven o'clock	Seachd uairean	Shachk ūurun
Half-past ten	Leth-uair an deigh deich	Lyeūr un djei djeich
Twelve o'clock	Da uair dheug	Dda ūur yeeuk
Five minutes to one	Cuig mionaidean o uair	Cóik měnatjin o ūur
Twenty-four hours	Ceithir uairean fichead	Kehir ūurun fěchyutt
A day	La	Lla
Night	Oiche	Oichyu
Morning	Madainn	Matting
Noon	Meadhoin-latha	Māon lla
Evening	Feasgar	Feskur
Midnight	Meadhoin-oiche	Maon ōichyu
To-day	An diugh	Un djū
To-night	A nochd	Unochk
This morning	A mhadainn an diugh	Uvatting undjū
This evening	Feasgar an diugh	Fesker undjū
To-morrow	A maireach	Umārach
Yesterday	An dé	Undjā
Day after to-morrow	An earar	Unyerrur
Day before yesterday	La roi' dé	Lla roidjā
Two days	Da latha	Dda lla
Three days	Tri laithean	Ttree llaěun
A week	Seachduin	Shachkan
A fortnight	Ceithir-la-deug	Kehir lla djeeuk
A month	Mios	Meeus
Season	Raidhe	Rāyu
Half-a-year	Leth-bhliadhn,	Lyev-lēun
Six months	Sea miosan	Shěa meeusun
A year	Bliadhna	Bpleeunu
A century	Cead (bliadhna)	Keeutt bplěunu
An age, generation	Liun, ginealach	Lyeeng, ginullach
Time, period	Uine, am, tim	Oonu, ăum, tjeem

fat. fár. wet. wêre. fáte. fame. wit. wě. wee.

Days of the Week.

English.	Gaelic.	Orthoepy.
Monday	Di-luain	Djĕlūun
Tuesday	Di-mairt	Djĕmârstj
Wednesday	Di-ciadainn	Djĕkeeutting
Thursday	Dir-daoin	Djirddŭn
Friday	Di-h-aoine	Djĕhŭnu
Saturday	Di-sathuirn	Djĕsahirng
Sunday	Di-dòmhnuich	Djĕddônich
Sabbath day	La na Sabaid	Llà nu Sâpatj
Week day	La seachduin	Lla shachkan
The week	An t-seachduin	Un djachkan

Names of the Month.

January	Gionbhair, a cheud mhios	Ginuvar, uchyeeutt vĕus
February	Faoilteach, an dara mios	Fŭltjach, unddaru mĕus
March	Am Mairt	Umârstt
April	An Giblein	Ungiplin
May	An Ceitean, am Magh	Ungätjin, umâgh
June	An Ogmhios	Un ökvĕus
July	A Bhuidh-mios	Uvŭimĕus
August	Ceud mhios an fhoghair	Keeutt vĕus un ughur
September	An seachd-mhlos	Un shachkvĕus
October	An t-ochdmhios	Unddochkvĕus
November	Samhuinn	Savving
December	Dudhlach	Ddŭllach

Seasons of the Year.

Spring	An t-earrach	Undjarrach
Summer	An samhradh	Un saŭrugh
Autumn	Am foghar	Um foghur
Winter	An geamhradh	Un gyaŭrugh
Equinoxes	Na faoiltich	Nu fŭltjich
Dog-days	An t-Iuchair	Un djŭchir

Festivals, Holidays, &c.

New-Year	Bhliadhn'ùr	Vlĕun oor
New-Year's Day	La na bliadhn'ùr	Lla nuplĕun oor
Lent	An carmhus	Un garavus
Easter	Càisg, a chàisg	Càishk, uchâishk
Mayday, Beltane	Bealltuinn	Byaultting
Whitsunday	Caingìs	Kaĕngish
Lammas	Liunasdail	Lyŭnusttil
Michaelmas	Feille micheil	Fălyumeechyal
Martinmas	Feille martuinn	Fălyumârstting
Christmas	Nolluig	Nollik
Holiday	La feille	Lla fălyu

cot. cörd. phóto. föld. shun. jeûne. jûte. wooed.

XXXIX.—Town.

English.	Gaelic.	Orthoepy.
Bailie	Baillidh	Bpâlyĕ
Bank	Banca, taigh-ionmhais	Banku, ttaĕ-inuvash
Baths	Taigh-failcidh	Ttaĕ-falkyĕ
Bridges	Drochaidean	Ddrohitjin
Buildings	Aitreamhan	Ahtrevun
Capital town	Ceanna-bhaile	Kyannavalu
Castle	Caisteall	Cashtjal
Causeway	Cabhsair	Caŭsar
Cemetery	Cladh	Cllugh
Church	Eaglais	Ekllish
City	Cathair	Cahir
College	Oil-thaigh	Ol-haĕ
Conveyance	Carbad	Caraputt
Council	Comhairle, comunn	Co-irlyu, comun
Court-house	Taigh-cùirt	Ttaĕ-coorsj
Factory	Taigh-ceaird	Ttaĕ-kyârtj
Foundry	Fùirneis	Fürnish
Funeral	Tiodhhlaiceadh	Tjeeullikyugh
Hall	Talla	Ttallu
Hotel	Taigh-osda	Ttaĕ-ôsttu
House	Taigh	Ttaĕ
Industries	Deanadachd	Djenaddachk
Infirmary	Taigh-eiridinn	Ttaĕ-eiritjin
Inhabitants	Luchd-àitich	Llŭchk-âtjich
Lane	Caol-shràid	Cûl-ratj
Library	Leabhar-lann	Lyowir-launn
Magistrate	Luchd-riaghlaidh	Llŭchk-reeullĕ
Market	Margadh, feill	Marukugh, fâill
Monument	Carragh	Carrugh
Pavement	Leac-urlar	Lyachk-ürllar
Picture	Dealbh	Djallav
Policemen	Maoran-sith	Mŭrun-shee
Prison	Priosain	Preesan
Provost	Prothaiste	Pro-asju
The public	Am mor shluagh	Um môrllŭa
Public-house	Taigh-òl	Ttaĕ-ôll
Railway	Rathad-iarainn	Rahutt eeuring
School	Sgoil	Scol
Sculpture	Grabhaladh, snaidheadh	Gravallugh, snaĕ-ugh
Shop	Bùth	Bpoo
Street	Sraid	Srâtj
Suburbs	Mach-bhaile	Mach-valu
Thoroughfare	Troimh-rathad	Ttroirahutt
Town	Baile	Bpalu
Town Council	Comhairl'a Bhaile	Co-irlyuvalu

fat. fär. wet. wĕre. fâte. fâme. wit. wĕ. wee.

XL.—Trades.

English.	Gaelic.	Orthoepy.
Baker	Fuineadair, bacstair	Fŭnnuttur, bachcusttar
Blacksmith	Gobha	Gcow
Brewer	Grùdaire	Gcroottar
Butcher	Feoladair	Fyŏlluttur
Carder	Cardair	Cărttar
Cooper	Cùbair	Cŭpar
Cowherd	Buachaille	Bpŭuchilyu
Dairymaid	Banarach	Bpanurach
Dentist	Fiaclair	Feeuchclar
Dyer	Dathadair	Ddahuttar
Farmer	Tuathanach	Ttŭuhanach
Forester	Peithire, peothair	Pāhir, pyohir
Fisher	Iasgair	Eeuskar
Foxhunter	Brocair	Bprochcar
Flesher	Leisdeir	Lyeishjir
Gardener	Garadair	Gcăruttar
Goldsmith	Oircheard	Orchyartt
Joiner	Saor	Sûr
Landlord	Fear-taigh	Fer-ttaĕ
Landlady	Bean-taigh	Bpen-ttaĕ
Maltster	Brachadair	Bprachuttar
Mariner	Maraiche	Marichu
Mason	Clachair	Clachar
Merchant	Marsanta	Marsanttu
Painter	Dealbhadair	Djalavuttar
Physician	Lighiche	Lyĕhichu
Piper	Piobair	Peehpur
Ploughman	Treabhaiche	Ttro-ichu
Potter	Criathadair	Creeatar
Printer	Clothadair	Cllohuttar
Reaper	Buainiche	Bpŭanichu
Saddler	Diollaidear	Djeeullitjar
Sculptor	Gràbhaltaiche	Gravallttichu
Shepherd	Buachaille, cĭbeir	Bpŭachilyu, keepir
Shoemaker	Greasaiche	Gcrĕasichu
Tailor	Taillear	Ttâlyar
Tanner	Cairteir	Carshjar
Thatcher	Tuthadar	Ttŭhuttar
Tinsmith	Ceard	Kyărtt
Trade	Ceàirde	Kyărtju
Tradesman	Fear-ceairde	Fer kyartj
Turner	Tuairnear	Ttŭurnyar
Weaver	Figheadair	Fee-uttar
Woodman	Fear-coille	Fer-colyŭ

cot. côrd. phôto. fôld. shun. jeûne. jûte. wooed.

XLI.—Vegetation.

English.	Gaelic.	Orthoepy.
Botany	Luibh-eolas	Llùi-yŏllas
Broom	Bealluidh	Byallé
Bush	Preas	Press
Clover	Seamrag, tri-bhileag	Shamarak, tree-vĕlyak
Fern	Raineach	Ranach
Furze	Conusg	Conusk
Grass	Feur, fiar	Feear
Growth	Fas	Fàs
Heather	Fraoch	Frùch
Herb	Luibh	Llùi
Juniper	Aiteann	Atjunn
Leaf	Duilleag	Ddùlyak
Moss	Còineach	Cônyach
Nettle	Deanntag	Djaunnttak
Plant	Fiùran, meanglaɴ	Fyûran, menghllan
Root	Freumh, friamh	Freeav
Sapling	Ogan	ôkan
Sap	Brigh	Bpree
Seed	Pòr, siol	Pôr, sheeull
Thorn	Dreaghan	Ddre-un
Flowers	Fluraichean	Floorichun
Bloom	Blàth	Bpllâ
Bud	Ur fhas, barrgug	Ur-âs, barr-gŭk
Buttercup	Buidheag	Bpûyak
Daisy	Neoinean	Nyônan
Honeysuckle	Lus-a-chraois	Llûs-uchrûish
Lily	Lili	Lillé
Marigold	Lus-màiri	Llûs mãrĕ
Poppy	Crom-lus	Croum-llûs
Primrose	Sobhrag	Sôvrak
Rose	Ròs	Rôs
Shamrock	Seamrag	Shamarak
Thistle	Cluaran	Cllûaran
Violet	Fail-chuach	Falchûach
Wild thyme	Lus-mhic-righ-Bhreat-uinn	Llûsvichk reevrátting
Fruits	Measan	Messun
Apple	Ubhal	ûval
Berry	Dearcag	Djarcak
Brambleberry	Smeurach	Smĕarach
Cherry	Sirisd	Shiristj
Currant	Dearcag-dubh	Djarcak-ddûv
Gooseberry	Gròsaid	Gcrôsatj

fat. fâr. wet. wêre. fáte. ɴame. wit. wĕ. wee.

English.	Gaelic	Orthoepy
Grape	Fion-dearc	Feeuntjark
Haw	Sgeachag	Skĕachak
Nut	Cnò	Knô
Pear	Pèarrais	Péarish
Plum	Plumbais	Pllûmpish
Rowan	Caorana	Cûrunn
Raspberry	Suidheag	Sūyak
Sloe	Airnean	Arnyan
Strawberry	Suidheag-talmhainn	Sūyak-ttallaviag
Grain	*Por*	Pôr
Barley	Eorna	Yôrnu
Corn	Arbhar	Aravur
Maize	Crui'neachd Innseanach	Crūnachk Eenshinach
Oats	Coirce	Coirku
Rye	Seagal	Shekull
Ryegrass	Feur-cuir	Fĕar-cūr
Wheat	Cruithneachd	Crūinachk
Trees	*Craobhan*	Crûvun
Alder	Fearna	Fyârnu
Ash	Uinnseann	Uishunn
Aspen	Critheach	Crĕhach
Bark	Cairt	Carstj
Beech	Faidh-bhil	Faĕ-vil
Birch	Beith	Bpá
Chestnut	Geanm-chno	Genumchno
Elm	Leamhan	Lyevan
Fir	Giùbhas	Gyū-us
Hazel	Calltuinn	Căullting
Holly	Cuilionn	Cūlyung
Larch	Learag	Lerak
Mountain ash	Caorann	Cûrunn
Oak	Darach	Ddarach
Poplar	Crithinn	Crihing
Willow	Seileach	Shálach
Yew	Iuthar	Yū-ur
Vegetables	*Lusan*	Llūsun
Beans	Ponair	Pônur
Cabbage	Càl	Càll
Leek	Creamh	Crev
Onion	Uinnean	Uinyan
Pease	Peasair	Pessar
Potatoes	Buntàta	Bûnttàtta
Turnip	Neip	Nyep

cot. côrd. phóto. fóld. shun, jeûne. jûte. wooed.

XLII.—Virtues and Vices.

English.	Gaelic	Orthoepy.
Affability	Ceanaltas	Kyennalttus
Bashfulness	Narachd	Nărachk
Boldness	Danachd	Ddânachk
Charity	Seirc	Sheirk
Chastity	Geamnuidhheachd	Gkemněachk
Courage	Misneach	Mishnyach
Economy	Caontachd	Cănnttachk
Generosity	Fialachd	Feeullachk
Goodness	Maitheas	Maĕ-us
Gratitude	Taingealachd	Ttaĕungillachk
Hardiness	Cruadal	Crŭattall
Honour	Onoir	Onur
Honesty	Ionracas, onorachd	Yunnrucus, onorachk
Industry	Dichioll	Djeechyull
Innocence	Neo-chiontas	Nyochyunnttus
Justice	Ceartas	Kyarsttus
Modesty	Màlltachd	Mălttachk
Patience	Foighidinn	Fuhutjinn
Penitence	Aithreachas	Arachus
Piety	Cràbhadh	Crăvugh
Politeness	Suairceas	Sŭirkyus
Prudence	Crionndachd	Creeunttachk
Sweetness	Grinneas	Grinyis
Temperance	Stuaimeachd	Sttŭeimachk
Virtue	Subhailc	Sŭ-ilk
Wisdom	Gliocas	Gkluchcus
Ambition	Meudmhor	Mǎttvor
Avarice	Gionaich	Gkiněch
Anger	Fearg	Feruk
Cowardice	Gealtachd	Gyalltachk
Cruelty	An-iocmhorachd	An-yuckvorachk
Drunkenness	Misg	Mishk
Falsehood	Breugachd	Bprĕakachk
Gluttony	Geocaireachd	Gyŏchcurachk
Hatred	Fuath	Fŭa
Idleness	Diomhanas	Djĕavunus
Ignorance	Aineolas	An-yollus
Impudence	Ladarnas	Llatturnus
Pride	Prois	Prŏsh
Revenge	Dioltas	Djeeullttus
Self-conceit	Ardan	ărttan
Theft	Meirle	Meirlyu
Treachery	Foill	Fŏill
Vice	Dubhailc	Dŭ-ilk

fat. fàr. wet. wêre. fáte. fâme. wit. wĕ. wee.

XLIII.—The Weather.

English.	Gaelic.	Orthoepy.
Aurora-borealis	Fir-chlis	Fĕrchlish
Breeze	Tla-ghaoth	Tĭlâ ghû
Calm	Samhach	Sâvach
Close	Trom	Ttroum
Cloud	Neul, nial	Nyăll, nyeeăl
Cloudy	Neulach	Nyălach
Clear	Soilleir	Sŏlyir
Cold	Fuar	Fûur
Dark	Dorcha	Ddorochu
Dew	Dealt	Djallt
Drought	Tiormachd	Tjirumachk
Dry	Tioram	Tjirum
Earthquake	Crith-thalmhainn	Crĕhallaving
East wind	Gaoth-an-ear	Gû-unyer
Fine weather	Aimisir bhriagh	Amishir-vreea
Fog, mist	Ceo	Kyŏ
Frost	Reothadh	Rŏhu
Hail	Clach-meallan	Cllach-myallan
Heat	Teas	Tjás
Hoar frost	Liath-reothadh	Lyeeu ro-u
Ice	Deigh	Djei
Lightning	Dealanach	Djallanach
Moonlight	Solus na gealaich	Sŏllus nukyallich
North wind	Gaoth tuath	Gû ttûa
Rain	Uisge	ûishkyu
Rainbow	Bogha-frois	Bpou-frosh
Shower	Fras	Frass
Sleet	Fliuch-shneachd	Flûchnachk
Snow	Sneachda	Snyachku
Snow-wreath	Cuithe-shneachd	Cûinachk
South wind	Gaoth-deas	Gû djess
Storm	Doinionn	Ddónyunn
Sunshine	Dearrsadh-na-greine	Djarrsu nuk gränu
Sunbeam	Gath-greine	Ga crânu
Sultry	Bruthainneach	Brûhing-ach
Tempest	Gaillion	Gcalyunn
Thaw	Aiteamh	Atjiv
Thunder	Tairneanach	Tarnunach
Warmth	Blaths	Bplâs
Weather	Aimsir, sìd	Amishir, sheetj
West wind	Gaoth-an-iar	Gû unyeeur
Wet	Fliuch	Flûch
Whirlwind	Cuairt-ghaoth	Cûurstj ghû
Wind	Gaoth	Gû

cot. côrd. phóto. fôld. shun. jeûne. jûte. wooed.

XLIV.—Weights and Measures.

English.	Gaelic.	Orthoepy.
Grain	Gràine	Gcrànyu
Ounce	Unnsa	Oonsu
Pound	Punnd	Pŭnnt
Stone	Clach	Cllach
Quarter	Cairteal	Carsjal
Hundredweight	Ceud cothrom	Kyeeutt corum
Ton	Tonna	Ttŭnnu
Inch	Oirleach	ôrlyach
Span	Rèis	Räish
Foot	Troidh	Ttroë
Cubic	Laimh choille	Llaĕ-chólyu
Yard	Slat	Sllatt
Pole or perch	Cuig slat gu leth	Cóiksllatt gūlyĕ
Furlong	Stàide	Sttáitju
Mile	Mìle	Meelu
Fathom	Aitheamh	Aihev
Acre	Acair	Achkur
Rood	Ròd	Rôtt
Chain	Slabhruidh	Sllaūrĕ
Link	Tinne	Tjinyu
Peck	Peice	Peichku
Bushel	Buiseil	Bpūshal
Sack	Poca	Pochcu
Quarter	Ceathramh	Keruv
Glass	Glaine	Glainyu
Gill	Siola	Shillu
Mutchkin	Bodach	Bodach
Pint	Pinnt	Pĕnntj
Choppin	Seipin	Shäpin
Quart	Cart	Carstt
Gallon	Gallan	Gcallan
Firkin	Feircin, leth bhuideal	Feirkyin, lyevūtjal
Anker	Buideal	Būtjal
Barrel	Barailte	Bparaltju
Hogshead	Togsaid	Ttóksatj
Butt	Buideal mór	Bpūtjal mŏr
Tun	Tunna mór	Ttŭnnu mŏr

fat fär. wet. wére. fáte. fâme. wit. wĕ. wee.

PRONUNCIATION OF GAELIC.

The simple vowel sounds are as follows :—

à, ài	as in English	far.	Examples	càs, càil.
a, ai	,,	,,	parry.	,,	cas, cailc.
è, èa, èu	,,	,,	where	,,	gnè, nèamh, mèud.
é, éi, éu	,,	,,	whey.	,,	dé, céir, réul.
e, ea, ei	,,	,,	whet, sur'vey	,,	deth, fear; breab, geir
ì, ìo	,,	,,	machine	,,	clì ciob.
i, io	,,	,,	ratify.	,,	clis, flos.
ò, òi	,,	,,	cord	,,	pòr, còir.
ó, ói	,,	,,	cold	,,	có, cóig.
o, oi	,,	,,	canto, hot.	,,	crodh, fois; olc, con.
ù, ùi	,,	,,	pull.	,,	cù, sùil.
u, ui	,,	,,	put.	,,	cur, druid.

The digraphs in the above table practically represent simple vowel sounds, the second vowels being very faintly heard. Before the labials *b, f, m,* and *p,* however, *i* is more distinctly heard. Examples—caib, cnaip.

The single vowels are divided into two classes—the broad, **a, o, u,** and the small, **e, i.**

ao, which is a single vowel sound, is always long, like *u* in purr, pronounced long. Example—maor.

a and **o.** when followed by *ll* or *nn,* are usually pronounced au and ou. Examples—fann, fonn.

a, in an unaccented syllable, or before *dh* or *gh,* has the sound of *u* in but: Examples—coma, lagh.

e, in an unaccented syllable, is pronounced as in cover. Example—duine.

o, followed by *b, g, m, p,* or *dh,* is pronounced as in canto. Examples—gob, bog, crodh, lomadh.

In the diphthongs and triphthongs **èa; eà; eò, eòi; eó, eói; eo, eoi; ìa, iai; iù, iùi; iu, iui; ua, uai,** the first and second vowels are heard. Examples—gèadh, feàrr, eòlas, feòil; Eóghainn, leómhann; deoch, geoic; iar, fiaire; iùl, ciùil; iuchair, tiuighe; uan, uaine. Before *b, f, m,* and *p* the final *i* is also heard. Examples—fuaim, uaip.

eà, èa, eò, and eòi are rarely used.

Most vowels are somewhat nasal when in contact with *m, mh,* or *n.*

B is pronounced harder than in English. Example—obair.

C before a broad vowel hard, as in can: before a small vowel, as in came; never soft, like *s;* when final *chk.* Examples—cas, céum, ioc.

D with a broad vowel a little softer than in English, produced by placing the tongue near the tip in contact with the teeth or between the teeth. Example—da

D with a small vowel like j or dj in English. Example—dé.

F as in English.

G always hard, as in got or get; when final hard like k. Examples—gu, ge, bog.

H never appears in Gaelic except along with some other consonant or followed by a hyphen.

L with a broad vowel, like *lth* in although. Example –làn.

L preceded by a small vowel, or initial followed by a small vowel in the past tense of verbs or in the word *le* and its derivatives—hard as in English. Example—gil, lean, leam.

L, initial with a small vowel, liquid—nearly as in million, formed by placing the surface of the tongue about the centre to the roof of the mouth. Example—lion.

Ll with a broad vowel, thick almost like *lth*. Example—call.

Ll with a small vowel, like *l* in million. Example—fill.

M as in English, but more nasal. Example—cam.

N as in English. Example—bàn.

N initial followed by a small vowel (except in *nis* and the verb *ni* and past tense of verbs)—liquid, nearly as in pinion. Example –neo.

Nn with a broad vowel, formed by placing the tongue near the tip against the teeth. Example—Bann.

Nn with a small vowel, nearly as in pinion. Example—Binn.

P as in English, but after *am* almost as soft as B. When final, it is more breathy—hp. Examples—Pill, am pill? Cnap.

R with a broad vowel, as in rod. Example—ro.

R with a small vowel, as in Arian Example—ri.

S with a broad vowel, as in English. Example—Sàl.

S with a small vowel (and in the word so) is equal to English *sh*. ception—*is*.

T with a broad vowel, formed not with hard stiff tongue tip, but with a soft pressure of the tongue against the teeth. Example—ta.

T with a small vowel like *ch* in *chase*. Example—tinn.

After *an*, *c* is softened to *g*, and *t* to *d*, as –an cu ; an tonn.

By adding h the consonants *b*, *c*, *d*, *f*, *g*, *m*, *p*, *s*, and *t* are modified, giving a breathy effect, called aspiration.

Bh like *v* in English.

Ch, guttural as in German, or in the Scotch word *trachle*.

Dh and *gh* with a broad vowel almost like *gh* in *ugh*, or *g* in the German word *Tag*; with a small vowel equal to *y*.

Fh is silent, except in the words, fhuair, fhein, and fhathast, where the *h* is heard.

Mh like *v*, but more nasal.

Ph like *f*.

Sh and *th* like *h*

The consonants *l*, *n*, and *r*, are never aspirated.

Chd sounds like *chk*. Example—reachd.

Rt with a broad vowel is like *rst*; with a small vowel it sounds *rsj*. Examples—mart, beairt.

When *l*, *n*, or *r* is followed by *b*, *g*, *m*, or *p*, a vowel is heard between the two consonants. Thus, calg is pronounced calag ; calpa, calapa ; falbh, falabh ; scarg, searag ; airm, airim.

MATERIALS FOR GAELIC CONVERSATION.

When addressing more than one person or one person who is your superior in rank
or age, use the word bracketed (thus) instead of the word immediately preceding.

I.—Frequent Phrases.

English.	Gaelic.
There is or are	Tha
I am	Tha mi
You are	Tha thu (sibh)
We, they are	Tha thu (iad)
He, she is	Tha e (i)
Is it I?	Am mi-se?
It is you	Is tu (sibh)
Is it? Is he?	An e?
Is this?	'N e so?
This is	'Se so
Was there? were there?	An robh?
There was or were	Bha
Is there? are there?	Am bheil?
Will there be?	Am bi?
There will be	Bithidh
Who is there?	Co tha 'n sin?
I am	Tha mi-se
Who are these?	Co iad sin?
Where is or are?	C' aite 'm bheil?
It is here	Tha e'n so
To whom do you speak?	Co ris a tha thu (sibh) 'bruidhinn?
To you	Tha riut-sa (ribh-se)
When will there be?	C'uin a bhitheas?
When is there?	C'uin a tha?
A little while ago	O chionn ghoirid
In a little while	Ann an tiota
What is that?	Ciod e sin?
What more?	Ciod tuille?
What harm?	'De 'n dolaidh?
What's this?	Ciod so?
Take care	Thoir (thoiribh) toigh
Do you hear?	An cluinn thu (sibh)
Tell me	Innis (innsibh) domh
Do not tell	Na innis (innsibh)
Do you know?	An aithne duit (duibh)
Are you aware?	Am bheil fios agad (agaibh)
I do not know	Cha'n'eil fhios a'am
I am not aware	Cha'n aithne domh
I know	Is aithne domh

English.	*Gaelic.*
Do you not know ?	Nach aithne duit (duibh) ?
Are you serious?	Bheil thu (sibh) rireadh ?
Do you say so?	Bheil thu (sibh) 'radh sin ?
Yes, indeed	Tha gu dearbh
I will take you at your word	Gabhaidh mi air t' fhocail (bhu focail) thu (sibh)
Will you believe me ?	An creid thu (sibh) mi ?
I will	Creididh
I won't believe it at all	Cha chreid mi idir e
Really and truly	Gu dearbh 's gu deimhinn
Upon my word	Air m' fhocail
Upon my honour	Air m' onoir
As sure as it can be	Cho cinnteach 's is urrainn da bhi
There is no doubt of it	Cha'n'eil teagamh ann
I am not sure	Cha'n'eil mi cinnteach
You are right	Tha thu (sibh) ceart
I am in the belief	Tha mi'n duil
In my opinion	A reir mo bharail-sa
I am sorry	Tha mi duilich
We are very glad	Tha sinn gle thoilichte
I cannot help it	Cha'n urrainn mi leasachadh
Never mind	Coma leat (leibh)
I don't mind	Is coma leam
I don't care	Tha mi coma
I do mind	Cha choma leam
Will you speak ?	Am bruidhinn thu (sibh) ?
I will	Bruidhinnidh
I'll say nothing	Cha'n abair mi dad
Let me alone	Leig (leigibh) leam
I will not	Cha leig mi
I will	Leigidh
Do not trouble me	Na cuir (cuiribh) dragh orm
Go away	Bi (bithibh) falbh
Leave me	Fag (fagaibh) mi
Will you take?	An gabh thu (sibh)?
I will, will not	Gabhaidh, cha ghabh
Give me	Thoir (thoiribh) domh
Come here	Trothad (trothaibh) an so
Come away	Tiucainn (tiucainnibh)
I will go	Theid mi
Show me	Feuch domh
Look at this	Seall ri so

II Courtesies, Visiting, &c.

English.	*Gaelic.*
Hail! I greet you } I present my respects } You're very welcome } Let me welcome you }	Failt' ort (oirbh) Failt' is furain ort (oirbh)
A thousand welcomes	Mile fàilte
Good evening!	Feasgair math duit (duibh)!
Good morning!	Madainn mhath duit (duibh)!
Good day to you!	La math duit (duibh)!
How are you keeping?	Ciamar 'tha thu (sibh) cnmail?
How do you do?	Cia mar tha thu (sibh)?
Pretty well	Tha gu gasda
Thank you	Gu'n ro' math agad (agaibh)
And how are you?	'S cia mar tha thu (sibh) fein?
So, so	Mar sin fhein
A happy new year to you	Bliadhna mhath ùr duit (duibh)
I wish you the same	Mar sin duit (duibh)
And many returns	'Smoran diubh
Come in	Thig (thigibh) a stigh
I am obliged to you	Tha mi ann ad chomain (bhur comain)
I am glad to see you	'S mi tha toilichte t' fhaicinn (bhur faicinn)
You are looking well	'S math tha thu (sibh) a coimhead
You are always improving	Tha thu (sibh) an còmhnuidh a dol 'am feothas
It's very good of you to say so	Tha e gle mhath dhiot bhi 'radh sin
I feared to miss you	Bha eagal orm nach fhaicinn thu (sibh)
It's well that I've met you	'S math gu'n do thachair mi riut (ribh)
Don't stand on ceremony	Na bi (bithibh) ri àrdmhodhalachd
You're too kind	Tha thu (sibh) ro chaoimhneil
You're too good to me	Tha thu (sibh) ro mhath dhomh
Not at all	'S mi nach 'eil
Don't mention it	Na abair (abraibh) smid
Won't you take a seat?	Nach gabh thu (sibh) suidheachain?
Sit down	Dean (deanaibh) suidhe
It's long since I saw you before	'S fhad' o nach fhaca mi roimhe thu (sibh)
I was longing to see you	Bha fadal orm t' fhaicinn (bhur faicinn)
Are they well at home?	Bheil an t-slàint' ac' aig a bhaile?
Oh, they're nicely	U, tha iad gu lughach
My sister is not so well	Cha'n'eil mo phiuthar cho math
I am very sorry	Tha mi gle dhuilich

English.	*Gaelic.*
I have compliments for you	Tha iomchagair agam duit (duibh)
From whom ?	Co uaith ?
From your friend.	Bho do charaid
He sends you his blessings.	Tha e cur bheannachdan ugad (ugaibh)
I'm glad to hear from him	Tha mi toilichte cluinntinn uaithe
I'm grateful to him	Tha mi' na chomain
I was glad to hear about you	Bha mi toilichte cluinntinn umad (umaibh)
I wish you all joy	Na h-uile sonas duit (duibh)
You have my blessing	Tha mo bheannachd agad (agaibh)
Excuse me	Gabh (gabhai') mo leisgeul
I beg your pardon	Tha mi 'g iarraidh maitheanaissam
Don't trouble yourself	Na gabh (gabhaibh) trioblaid bith
Don't mind me	Coma leat (leibh) domhsa
If you please	Ma 's e do thoil (bhur toil) e
You are welcome	'S e do bheatha (bhur beatha)
I'll bid you good-bye	Bith' mi gabhail beannachd leat (leibh)
I must leave you	Feumaidh mi t' fhàgail
I am sorry that I must now go	Tha mi duilich gu'm feum mi nis bhi falbh
Must you go ?	Am feum thu (sibh) falbh ?
I must	Feumaidh
You're in a great hurry	'Stu (sibh) tha cabhagach
You're visit is but short.	Cha mhór do cheilidh (bhur ceilidh)
You're not going already	Cha'neil thu (sibh) falbh mu thrath?
It will be as well	Bithidh e cho math
You're in great haste	S' mór do chabhag (bhur cabhag)
I don't like to be late	Cha toigh leam bhi anmoch
I'll be late for—	Bith' mi fadalach airson—
You'll be time enough	Bith' tu (sibh) trath ni's leoir
My business is pressing	Tha mo ghnothuch eiginneach
You must stay	Feumaidh tu (sibh) tamh
Longer next time	Ni's fhaide 'n ath uair
I'll be too glad	Bith' mi ro thoilichte
When shall we see you again?	C'uin a chi sinn a rithisd thu (sibh)?
You must come back soon	Feumaidh tu (sibh) tighinn air ais gu h-aithghearr
Take care of yourself now.	Thoir (thoiribh) toigh ort (oirbh) fein
Will you come to see me ?	An tig thu a choimhead orm?
I shall be very glad	Bith' mi gle thoilichte
When will you come?	C'uin a thig thu?
As soon as I can.	Cho luath 's is urrainn domh

English.	Gaelic.
I'm all right	Tha mise ceart gu leoir
Many thanks to you	Moran taing duit (duibh)
Let us be going	Bitheamaid falbh
Step this way	Thig an rathad so
After you	As do dheigh-sa
May we start ?	An gluais sinn ?
I am ready	Tha mise ullamh
With your permission we depart	Le'r cead falbhaidh sinne
We are sorry for that	Tha sinn duilich airson sin
Good evening, gentlemen	Feasgair math duibh, dhaoin' uaisle
Good night	Oidhche mhath duit (duibh)
Good morning to you all	Madainn mhath duibh uile
We must all part some time	Feumaidh sinn uile dealachadh uaireigin
Remember me to your friends	Cuimhnich mi do d' chàirdean (do bhur càirdean)
They'll be glad to hear about you	Bith' iad toilichte bhi cluinntinn umad (umaibh)
It was kind of you to come	Bha e caoimhneil diot (dibh) a thighinn
It was a pleasure to me	Bha e 'na thoileachadh domh fhein
I am indeed obliged to you	Tha mi gu dearbh ann ad chomain (bhur comain)
Many thanks for your company	Moran taing airson do chuideachd (bhur cuideachd)
I regret to leave you	'S bochd leam bhur fagail
Don't stay long away from us	Na fuirich fad' air falbh uainn
I'll soon be back	Bi' mi air ais gu h' aith-ghearr
Come to see us to-morrow	Thig (thigibh) a choimhead oirnn a maireach
I'll be very glad	Bith' mi gle thoilichte
When will you come again ?	C'uin thig thu (sibh) rithisd ?
First opportunity	Cheud chothrom
If I'm allowed	Ma gheibh mi cead
I won't forget	Cha dhich'nich mi
Don't wait an invitation	Na bi (bithibh) a tàmh ri cuireadh
You'll be tired of me	Bithidh sibh sgìth diom
You were kind to come	Bha e math diot (dibh) tighinn
My respects to John	Sorruidh uam gu Ian
My blessings to those at home	Mo bheannachd doibh aig an tigh
Good day to you	La math duit (duibh)
May all your days be good	Na h-uile la gu math duit (duibh)
Good-bye	Beannachd leat (leibh)
Farewell	Slan leat (leibh)
May you ever be happy	An la chi 's nach fhaic

III. Moods and Feelings.

English.	*Gaelic.*
I'm very *happy*	Tha mi gle *shona*
I'm glad to hear it	Tha mi toilicht' a chluinntinn
My heart is very full	Tha mo chridhe làn
What gives you pleasure ?	'Do tha toirt aoibhneas duit (duibh
That is well	'S math sin
Very good !	Ro mhath !
Isn't that good ?	Nach math sin ?
What a blessing !	Nach b'e bheannachd e ?
We are not too joyful	Cha'n'eil sinn ro shubhach
Are you in good form ?	'Bheil thu ann am fonn ?
They are very happy	Tha iad gle ait
He is a cheerful man	Tha e 'n a dhuine geanail
A time of joy and mirth	Am aigheir is mear
It could not be better	Cha b' urrainn ni b'fheàrr
This is very pleasant	Tha so gle thaitneach
Does it please you ?	Bheil thu (sibh) toilichte leis ?
You're very merry	Tha thu (sibh) gle aighearach
I feel in good spirits	Tha deadh ghean orm
He's always so hearty	Tha esan an comhnuidh cridheil
It's best to be *hopeful*	'S fheàrr a bhi *dochasach*
There's a good time coming	Tha àm math a tighinn
I hope so	Tha mi 'g earbsa sin
I *wonder* at this	Tha *iongantas* orm ri so
Dear me !	Ubh, ubh !
Look at that !	Seall ri sin !
Isn't it awful ?	Nach e tha uamhasach ?
It is terrible	Tha e sgreataidh
It is shocking	Tha e grathail
Isn't that strange ?	Nach'eil sin neonach ?
It's very extraordinary	Tha e anabarrach iongantach
I feel quite astonished	'Sann orm tha'n ioghnadh
Every one is surprised	Tha neonachas air ua h-uile h-aon
Preserve us ! what's this ?	Co'ar sinn ! ciod so ?
Well this is odd	Mata, tha so gàbhaidh
We are in great *sorrow*	Tha sinn fo mhor *mhulad*
What grieves you ?	'De tha cur doilgheas oirbh ?
What a misfortune !	Nach bochd sin !
I am very sorry	Tha mi gle dhuilich
Alas ! alas ! woe the day	Och, ochan ! mise'n diugh
Oh, dear !	Mo chreach !
I regret that you should suffer	'S bochd leam thu (sibh) bhi fulang
It touches my heart	Tha e ruidhinn mo chridhe
I am really grieved	'S mi tha brònach
My heart is sore	Tha mo chridhe goirt
I feel depressed	Tha mi dubhach

English.	Gaelic.
You seem out of sorts	Tha thu (sibh) coimhead mi-shona
I am full of *fear*	Tha mi lan *eagail*
What do you fear?	'De tha cur geilt ort (oirbh)
I'm in terror	Tha fiamh orm
I'm quite nerveless	Tha mi gun mhisneach
Don't be cowardly	Na bi (bithith) gealtach
I m quite *ashamed*	'Sann orm tha *naire*
Never think of it	Na smuainich air
For shame !	Mo nàire !
It is a disgrace	'S ni maslach e
It made us blush	Chuir e rudhadh gruaidh oirnn
I'll be *anxious*	Bi' *iomagain* orm
Don't be too solicitous	Na bi (bithibh) ro-churamach
It doesn't do to worry	Cha dean e'n gnothuch bhi mi-fhoisneach
It's care that kills	'Se'n curam a chiùrras
I'm quite *horrified*	Tha mi lan *oillt*
Isn't that shocking !	Nach eil sin sgreataidh ?
It's just fearful	Tha e direach uamhasach
It makes me shiver	Tha e cur greis orm
I cannot stand it	Cha sheas mi ris
I *like* this	Tha *deidh* agam air so
So do I, my dear	Tha 's agams', a ghraidh
This is my friend	'S e so mo charaid
He has a warm side to me	Tha taobh bhlath aige rium
I am much attached to him	Tha mi gle cheangailte ris
I like them all	'Stoigh leam iad uile
She favours him	Tha bàidh aice ris
He doesn't dislike it at all	Cha bheag air idir e
I dearly love—.	'Sann agam tha'n gaol do—.
I love them	Tha gràdh agam doibh
This is what I like	'S e so is toigh leam
I don't like that	Cha toigh leam sin
I have *respect* for—.	Tha *speis* agam do—.
He esteems you highly	Tha meas aig ort (oirbh)
We all reverence him	Tha urram againn uile da
You honour me	Tha thu cur onoir orm
I am very *grateful* to you	Tha mi gle *bhuidheach* ort (oirbh)
I deserve no gratitude	Cha'n'eil mi toilltinn taingealachd
I'll never forget your kindness	Cha dhi-ch'nich mi do (bhur) cao-imhneas
It was nothing at all	Cha ro' ann ach neo-ni
He has my *sympathy*	Tha *co-fhulang* agam ris
You're very sympathetic	Tha sibh gle thruacanta
He is a worthy man	Tha e'n a dhuine fiùthail
You are famous	Tha thu (sibh) ainmeil
They are worthless men	Tha iad 'n on daoine suarɪach

English.	Gaelic.
I *dislike* (hate) that man	Tha *fuath* agam do'n fhear sin
Don't you care for him?	Nach toigh leat (leibh) e?
Nobody can like him	Cha'n urrainn do neach speis thoirt da
His appearance is against him	Tha choltach 'na aghaidh
I can't bear him	Cha'n fhuiling mi e
I think I like him	'S beag leam e
I never liked it	Cha bu toigh leam riamh e
It is hateful	Tha e fuathail
Don't *despise* me	Na dean (deanaibh) *tair* orm
Such men have my contempt	'S beag mo shuim do leithid sin
They disgust me	Tha iad cur gràin orm
They're beneath notice	Cha'n fhiach iad smuain
Are you *angry*?	Bheil *fearg* ort (oirbh)
Yes, he has vexed me	Tha; bhuair e mi
You are so easily irritated	'S furasda corruich chur ort (oirbh)
You are much displeased	Tha thu (sibh) gle dhiùmach
Isn't he a mischief?	Nach b'e 'braman e?
I am not usually angry	Cha'n abhaisd domh bhi feargach
I was provoked	Cha mo bhrosnuchadh
He's so irritating	Tha e cho sarachail
It's outrageous!	Tha e ro-dhona
It would provoke anyone	Chuireadh e frionas air neach sam bith
I am tired of him	Tha mi sgìth deth
I *pity* him	Tha *truas* agam ris
I would rather suffer it myself.	B'fhearr leam fhein 'fhulang
I cannot bear to see him suffer so	Cha'n urrainn domh fhaicinn a fulang mar sin
It's a great thing to sympathise	'S mor an ni co-fhulangas bhi againn
Is she not hard hearted?	Nach ise tha cruaidh?
It becomes us all to be merciful	Buinidh e dhuinn uile bhi tròcaireach
There's no pity in his heart	Cha'n eil iochd 'na chridhe
You're a pitiable object	Bu tu chulaidh thruais
I won't accept your pity	Cha ghabh mi truas bhuat sa (uaibh-sa)
I have my own *feelings*	Tha m' *fhaireachdainn* fhein agam
He has no feeling	Cha'n eil mothachadh aige
You're dreadfully sensitive	'S tu tha so-chiurrta
Nothing can move me	Cha ghluais ni mi
These are my sentiments	'S iad sin mo bheachdan-sa

IV. Asking, Offering, &c.

English.	Gaelic
May I *ask* you a favour?	An *iarr* mi fabhair ort (oirbh)?
You have my *consent*.	Tha m'*aont* 'agad (agaibh)
I must *refuse*.	Feumaidh mi *diultadh*
May I get this?	Am faigh mi so?
Yes, willingly	Gheibh gu toileach
Not just now	Cha'n fhaigh an traths'
I am very desirous of getting it	Tha mi gle dheigheil air fhaotainn
It is yours then	'S leat e, mata
It isn't mine	Cha bhuin e dhomhsa
Shall I really get it?	'Ne gu'm faigh mi e?
You would get more if I could	Gheibheadh tu (sibh) 'n corr na'm b' urrainn domh
You cannot get it	Cha'n urrainn duit (duibh) fhaigh-inn
I am anxious for it	Tha mi gle iarrtasach air
You shall have it then	Mata gheibh thu e
You need not think of it	Cha'n'eil math duit (duibh) smuain-eachadh air
Will you give it me?	An toir thu domh e?
I shall, willingly	'Smi bheir, gu deonach
Not if I can help it	Cha toir le m' thoil
Where shall I get?	C'aite am faigh mi?
I'll find it for you	Gheibh mise duit (duibh) e
You won't get it here	Cha'n fhaigh an so
Give me	{ Feuch (feuchaibh) domh
Show me	{ Fiach (fiachaibh) dhomh
You shall have that	Gheibh thu (sibh) sin
I haven't got it	Cha'n'eil e agam
I must have it	Feumaidh mi fhaotainn
Why not?	Carson nach fhaigheadh?
You'd better get it	'S fhearr duit (duibh) fhaighinn
You won't refuse me	Chu diùlt thu mi
I would not wish it	Cha bu mhath leam sin
I must	Feumaidh mi
Let me have it	Cuir mo rathad e
If I can at all	Ma's urrainn domh idir
I can't do that	Cha'n urrainn domh sin
I beg of you	Tha mi guidhe ort (oirbh)
I ask of you	Tha mi 'g iarraidh ort
With pleasure	Gu toilichte
May I?	Am faod mi?
Can you refuse?	An urrainn duit (duibh) diùltadh
Will you consent?	An aontaich thu (sibh)?
I will not consent	Cha'n aontaich mi
You have my consent	Tha m' aont' agad (agaibh)

English.	Gaelic.
I must acquiesce	Feumaidh mi géilleadh
May I ask you?	Am faod mi foighneachd riut (ribh)?
What would you?	'De do thoil?
You needn't	Cha ruig thu leas
Will you tell me?	An innis thu (sibh) domh?
If it's in my power	Ma tha e'm chomas
There is nothing I would not do for you	Cha'n'eil ni nach deanainn duit (duibh)
I don't know	Cha'n'eil fhios agam
Be so good as to tell me	Bi cho math's innse domh
I certainly will	'S mi dh' innseas
I cannot	Cha'n urrainn domh
It's none of your business	Cha bhuin sin duitsa (duibh-sa)
I'm sorry to trouble you	Tha mi duilich dragh chur ort (oirbh)
It's no trouble at all	Cha dragh idir e
It is not the trouble at all	Cha'n e'n dragh idir
It is necessity that forces me	'Se 'n eigin chuir h-uige mi
You would oblige me	Chuireadh tu (sibh) comain orm
I shall feel obliged	Bith' mi 'ad chomain
It isn't much to speak of	Cha mhor an comain sin
It isn't in my power	Cha'n'eil e am chomas
I'll be indebted to you	Bi' mi fo fhiachaibh duit (duibh)
I can't deny you	Cha'n urrainn domh t' (bhur'n) àicheadh
You don't deserve it	Cha'n fhiach thu (sibh) e

May I *offer* you this?	An *tairg* mi so duit (duibh)?
I'll *accept* it gladly	*Gabhaidh* mi gu toilicht e
I must *decline* it	Feumaidh mi *'obadh ('dhiultadh)*
Will you take it?	An gabh thu (sibh) e?
Of course I will	'S mi ghabhas
I don't like	Cha toigh leam
You won't refuse it?	Cha diult thu (sibh) e?
Oh, no	O. cha diùlt
That's what I must do	'Se sin a dh'fheumas mi
You got the offer	Fhuair thu an tairgse
I put it in your way	Chuir mi 'ad rathad e
What would you like?	'De bu mhath leat (leibh?
Anything you please	Ni sam bith thogras tu (sibh)
I want nothing	Cha'n'eil ni bhuam
You can suit yourselves	Gheibh sibh bhur taghadh
I am very grateful	Tha mi ro-thaingeil

English.	Gaelic.
I won't trouble you	Cha chuir mi dragh ort (oirbh)
What shall I give you?	'De bheir mi duit (duibh)?
I'll leave that with you	Fagaidh mi sin agad (agaibh) fein
Nothing at present	Cha toir ni, an traths'
Take a little more	Gabh (gabhaibh) beagan tuille
It would not be proper	Cha bhiodh e iomchuidh
I wouldn't be the better of it	Cha b' fheàirde mi e
What do you want?	'De tha dhith ort (oirbh)?
I would like to be shown the way	Ghabhainn seòladh an rathaid
I want nothing at all	Cha'n'eil aiteil uam
Here is a book for you	Seallaibh leabhair duibh
I'm obliged to you	Tha mi 'ad chomain
I want nothing of that sort	Cha'n'eil a lethid uam
To whom shall I give it?	Co dha bheir mi i?
Give it to me	Thoir dhomhs' i
Don't send it this way	Na cuir an so i
Will you take it?	An gabh thu (sibh) i?
Of course I will	'S mi a ghabhas
I won't	Cha ghabh mise
Will you not take it?	Nach gabh thu (sibh) i?
Perhaps I will	Theagamh gu'n gabh
I don't believe I will	Cha chreid mi gu'n gabh
Shall I get it for you?	Am faigh mi duit i?
You may do so	Faodaidh tu sin
It isn't worth while	Cha'n fhiach e'n t-saothair
Try a little of this	Feuch beagan de so
I will	Feuchaidh
I don't care for it	Coma leam da
Here's a snuff for you	So snaoisean duit (duibh)
Thanks	Tapadh leat (leibh)
I never take it	Cha'n'eil mi ris idir
Take it or leave it	Gabh no fàg e
You are too generous	Tha thu ro fhialaidh
Anything I have is yours	Ni sam bith a th'agam is leat (leibh) e
Don't be bashful	Na bi saidealta
You are very good	Tha thu (sibh) ro mhath
You are too kind	Tha thu (sibh) ro chaoimhneil
I'll never forget it	Cha dhi-ch'nich mi am feasd e
Take it to oblige me	Gabh e gu comain a chur orm
I cannot refuse you	Cha'n urrainn domh t'àicheadh (bhur n-àicheadh)

V. Health and Sickness.

English.	Gaelic.
How are you?	Cia mar tha thu (sibh)?
Are you quite well?	Bheil an t-slàint' agad (agaibh)?
Are you in good health?	Bheil thu (sibh) gu sunndach?
How are you living?	'De'm beo th'oirt (oirbh)?
How do you feel?	Ciamar tha thu (sibh) faireach-dainn?
Are you in good trim?	Bheil thu (sibh) ann an sgoinn?
How are they at home?	Cia mar tha iad agad (agaibh)?
How do you do?	'De mar tha sibh?
I am nicely	Tha mi gu gasda
I'm pretty well	'Smath mar tha mi
We are nicely	Tha sinn gu lughach
I am thankful to be so well	Tha mi taingeil mar tha mi
I have no reason to complain	Cha'n'eil aobhar gearain agam
I'm very well	Tha mi gu gleusda
I could not be better	Cha b' urrainn domh bhi ni b' fheàrr
That is well	'Smath sin
I'm glad to hear it	Tha mi toilicht' a chluinntinn
You look very well	Tha thu (sibh) coimhead gle mhath
You're the picture of health	Tha fiamh na slàint ort (oirbh)
Health is a very important thing	'S mór an gnothuch an t-slàint
I was very anxious about you	Bha iomagan orm umad (umaibh)
I was afraid you weren't keeping well	Bha eagal orm nach robh thu cumail slàn
And how are you, yourself?	'S ciamar tha thu (sibh) fein?
Only so so	Cha'n'eil ach meadhonach
I'm not very well	Cha'n'eil mi ro mhath
I am not so well	Cha'n'eil mi cho math
I am not very bad	Cha'n'eil mi gle dhona
I do not feel so well to-day	Cha'n'eil mi faireachadh cho math an diugh
I am getting better	Tha mi fàs ni's fhearr
I'll soon be all right	Bith' mi ceart gu leoir a thiota
There is great pain	Tha cràdh mor ann
His strength is going	Tha a neart a falbh
He has no breath	Cha'n'eil anail aige
He is very ill	Tha e gle thinn
We are all ill	Tha sinn uile gu tinn
It is an infectious disease	'Se galar gabhaltach a th 'ann
You are very weak	Tha thu gle lag
I am sick	Tha mi gu tinn
She is very poorly	Tha i gle bhochd
I'm not at all right	Cha'n'eil mi ceart idir
I'm sorry to hear it	Tha mi duilich a chluinntinn

English.	Gaelic.
I didn't know that	Cha robh fios agam air sin
You don't look very well	Tha droch neul ort (oirbh)
You're very pale	Tha thu (sibh) gle bhàn
What's wrong with you ?	'De tha tigh'n riut (ribh) ?
What ails them ?	'De tha cur orra ?
Health of mind	Slàinte na h-inntinn
To be ill	Bhi gu bochd
Suffering from ill-health	Fulang euslainte
He needs a nurse	Tha feum aige air banaltrum
I have a cold	Tha cnatan orm
I caught a cold	Fhuair mi fuachd
He has a bad cough	Tha droch chasad air
She has no strength	Cha'n'eil lùth aice
I have a headache	Tha mo cheann goirt
He hurt his foot	Chiùrr e a chas
He is feverish	Tha e ann an teasach
He has smallpox	Tha bhreac air
It is a terrible disease	'S namhasach an galar i
The children have whooping cough	Tha a chloinn anns an truch
The old man has rheumatism	Tha'n t-siataig air an t-seann duine
I have toothache	Tha'n deudadh orm
He went into a swoon	Chaidh e 'n a nial
Send for the doctor	Cuir airson an lighiche
Have you any medicine ?	'Bheil eùngaidh sam bith agad (agaibh) ?
Are you better ?	'Bheil thu (sibh) ni's fhearr ?
I am convalescent	Tha mi dol am feothas
I am suffering	Tha mi a fulang
What's the matter with you ?	'De tha tighinn riut (ribh) ?
What ails you ?	De' tha 'cur ort (oirbh) ?
When did it commence ?	C'uin a thoisich e ?
What's the cause of it ?	De is aobhar dha ?
He is consumptive	Tha e ann an tinneas-caitheimh
Is he long ill ?	Am bheil e fada bochd ?
How did it commence ?	Ciamar thoisich e ?
You must be careful	Feumaidh tu (-ibh) bhi toigheach
I hope to see him better	Tha mi 'n dochas fhaicinn ni's fhearr
I'm afraid he won't live long	Tha eagal orm nach fhad a bheo
He isn't improving at all	Cha'n'eil e tigh'n air aghaidh idir
I am better	Tha mi ni's fhearr
He has got relief	Fhuair e lasachadh
I'm a little easier	Tha mi beagan ni's socraich
The pain is not so great	Cha'n'eil am plan cho mor
I'm recovering my appetite	Tha mi faighinn mo chàl
She is much stronger	Tha i moran ni's treasa

English	*Gaelic.*
It was an accident	'Se tuiteamas a bh' ann
Suffering from ague	Fulang leis a chrith
With asthma	Leis a ghearr-analach
It is bleeding	Tha e call fola
Boils	Neasgaidean
A sore bruise	Bruthadh goirt
His hand was burned	Chaidh a lamh a losgadh
Chilblains on the toes	Fuachd-at air na h-òrdagan
A severe cold	Cnatan mór
Consumption of the lungs	Tinneas-caitheimh 's an sgamhan
It is contagious	Tha i gabhaltach
There is a corn on my foot	Tha calunn air mo chas
Coughing	A casdaich
He took cramp	Ghabh e iodh
Diseases are prevalent	Tha galaran pailt
It brings on dizziness	Tha e cur boile
It turned to dropsy	Thionndaidh e gu meud-bhronn
It led to fever	Thainig e gu teasach
He fell in a fit	Thuit e ann an teum
I have a headache	Tha mo cheann goirt
He has heart disease	Tha galar-cridhe air
I am hoarse	Tha'n tùchan orm
I have indigestion	Tha cion-meirbhidh orm
There's an itching in my finger	Tha tachus air mo mheòir
He has jaundice	Tha 'bhuidheach air
That is madness	'Se caothach tha'n sin
They are mad	Tha'n caothach orra
The child has measles	Tha'n leanabh 's a' ghriùthrach
He is in pain	Tha e ann an cràdh
It pains him	Tha e 'g a chiùrradh
A stroke of paralysis	Beum phairilis
I have rheumatism in my knee	Tha siataig 'nam ghlùin
The skin was scratched	Chaidh an craicionn a sgròbadh
There is smallpox in the town	Tha a' bhreac 's a bhaile
A painful sprain	Siochadh goirt
It is swelling	Tha e ag at

VI.—The Weather.

English.	Gaelic.
What sort of *day* is it ?	'De seorsa' *la* th'ann ?
It's a fine day	Tha la briagh ann
Is it warm ?	'Bheil e blàth ?
The sun is hot	Tha ghrian teth
It's a beautiful day	Tha là boidheach ann
The weather is uncertain	Tha'n aimisir mi-chinnteach
Bad weather	Droch shìde
Pleasant weather	Aimsir thaitneach
Windy weather	Aimsir ghaothail
A threatening day	La maoidheil
It's like rain	Tha e coltach ri uisge
It's rather cloudy	Tha e car neulach
This is nasty weather	'S rabach an aimisir so
The road is dirty	Tha'n rathad salach
It's quite muddy	Tha e làn poll
It's a beautiful *night*	'S briagh 'n oiche th'ann
It's very bright	'S i tha soilleir
That is the light of the moon	Sin solus na gealaich
It is new moon	'S i ghealach ùr a th'ann
What made it so dark ?	'De rinn cho dorch' e ?
There's an eclipse	Tha tinneas-na-gealaich ann
The moon has gone down	Chaidh ghealach fodha
I cannot see a step	Cha leir domh ceum
It's brighter now	Tha i ni's soilleir a nis
The stars are visible	Chithear na rionnagan
There's aurora borealis	Tha fìr-chlis ann
It's very *dry*	Tha e gle *thioram*
There's much need for rain	'Smor am feum a tha air uisge
Everything is withering	Tha na h-uile ni a seargadh
This must cause loss to the farmers	Ni so call do 'n tuath
It is very *calm*	Nach e tha *ciuin*
It's very quiet	Tha e gle shamhach
There's not a breath of air	Cha'n'eil oiteag gaoith ann
It's *warm* to-day	Tha e *blath* an diugh
It's really hot	Tha e direach teth
I'm getting warm	Tha mi fas blàth
You're perspiring	Tha fallus ort (oirbh)
It's terribly hot	'S anabarrach an teas a th'ann
It's just sultry	Tha e direach bruicheil
I feel it very oppressive	Tha mi 'g a fhaireachdainn gle bhruthainneach
The streams are drying up	Tha na sruthan a traoghadh
The sun is very hot	Tha a ghrian gle theth
We need a shower	Tha feum againn air fras
It's a warm summer	'Se samhradh blàth a th'ann

English.	Gaelic.
It's going to *rain*	Ni e'n *t-uisge*
The sky is lowering	Tha e fàs duaichnidh
The clouds are gathering	Tha na neoil a tional
There's a shower	Tha fras ann
It's beginning to rain	Tha e toiseachadh air uisge
Raining	Ri uisge
It's cloudy	Tha e neulach
Very dark	Gle dhorcha
The clouds are heavy	Tha na neoil trom
A wet day	La fliuch
There's a pownpour	Tha'n dòrtadh ann
It's extremely wet	'S e tha flinch
Do you think it will clear ?	Saoil thu (sibh) an tog e ?
It cannot last long	Cha mhair e fada
It's clearing already	Tha e 'g eiridh mu thrath
It's not so heavy	Cha'n eil e cho trom
The shower is over	Tha 'n fhras seachad
What a beautiful rainbow	Nach briagh am bogha frois sin
I was out in the rain	Bha mi muigh fo 'n uisge
I'm quite wet	Tha mi bog fliuch
It was very drenching	Bha e gle dhrùiteach
That is *thunder*	Sin *tairneanach*
I heard the noise	Chuala mi an toirm
I hear it	Tha mi 'ga chluinntinn
There is the lightning	Sin an dealanach
Did you see the flash?	'Faca tu (sibh) an dearrsadh ?
Will it do harm?	'Dean e call ?
The *wind* is rising	Tha 'ghaoth ag éiridh
Where does it blow from ?	Co as a tha i seideadh !
From the north	Tha a tuath
That wind is always cold	Tha 'ghaoth sin fuar daonnan
The south wind is warmest	'Si 'ghaoth a deas is blàithe
The wind is high	Tha a ghaoth àrd
There is only a breath	Cha'n eil ann ach osag
The wind is soft	Tha a ghaoth sèimh
It's windy	Tha e gaothail
It's raising the dust	Tha i togail an dus
This is *stormy*	Tha so *stormail*
Isn't it wild !	Nach e tha fiadhaich
It must be stormy at sea	Bi' e gaillionach air a chuan
It's dreadful weather	'S uamhasach an uair a th'ann
It is tempestuous	Tha e gailbheach
The waves are roaring	Tha na tuinn a beucadh
Wind and weather	Gaoth is gaillionn
There will be *snow*	Bi' *sneachd* ann
It feels like it	'Se sin blas a th'air
Will it not be sleet ?	Nach e fliuch-shneachd a bhi's ann?

English.	Gaelic.
There is hail	Tha clach mheallain ann
The ground is white	Tha'n talamh geal
The snow is quite deep	Tha'n sneachda gle dhomhain
Here is a snow-wreath	So cuithe-shneachda
Much snow	Sneachda mór
Dry snow	Sneachda tioram
It's very cold	Tha e gle *fhuar*
It was chilly all day	Bha e fionar fad an latha
I am chilled	Tha mi air fuachd
The wind is piercing	'S i ghaoth tha guinte
You're shivering	Tha thu (sibh) air chrith
I'm quite benumbed	Chaill mi mo luthas
I'm starving with cold	Tha mi meileachadh
A cold day	La fuar
A cold morning	Madainn fhuar
There's *frost* now	Tha *reothadh* ann a nis
It's very frosty	'Se tha reota
It's hoar frost	'Se lia-reoth' a th'ann
There is ice on the water	Tha eigh air an uisge
The frost is hard	Tha an reothadh cruaidh
The road is slippery	Tha 'n rathad sleamhainn
Will it thaw to-night?	'Dean e'n t-aiteamh a nochd?
The ice is melting	Tha 'n t-eigh a leigheadh
A cold thaw	Aiteamh fuar
What a *mist!*	Nach ann ann tha'n *ceo!*
It's very dense	Tha e gle thiugh
I don't like a fog	Cha toigh leam ceathach
The mist is rising	Tha'n ceo ag eiridh
This is good *spring* weather	'Smath 'n aimisir *earraich* so
It's becoming more genial	Tha e fàs ni's daimheil
We have more sunshine	Tha'n corr againn de'n ghrian
The breeze is still chilly	Tha ghaoth fionar fhathast
Summer is come at last	Thainig 'n *samhradh* mu dheireadh
There's a great change in the weather	'S mór an t-atharrachadh a th'air an t-sìde
Isn't it warm !	Nach e tha blàth !
That's quite seasonable	'Se sin àm a th' ann
It's very summer-like	Tha e gle shamhrachail
A hot summer	Samhradh teth
A pleasant summer	Samhradh briagh
We have *autumn* now	Tha'm *foghar* againn a nis
It isn't so warm	Cha'n'eil e cho blath
It's good harvest weather	'Smath 'n aimisir foghair e
The sun isn't so strong	Cha'n'eil a ghrian cho laidir
We'll have *winter* immediately	Bi'n *geamhradh* againn a thiota
How cold it's getting !	'De cho fuar' 's a tha e fàs
We'll appreciate the fire now	Bi' meas air an teine nis

VII.—News

General

English.	Gaelic.
News to tell	Naigheachd gu innse
Hearing news	Cluinntinn naigheachd
Carrying reports	A giùlan sgeula
Keeping back news	Cumail naigheachd air ais
What I have heard	Ni a chuala mi
Plenty news	Pailteas naigheachdan
True reports	Sgeulan fior
Bad reports	Droch sgeulan
An old story	Seann eachdraidh
What's the news?	'De naigheachd?
I know of nothing new	Cha'n'eil ùr-sgeul agam
Well, no news is better than bad news	'Smath a naigheachd bhi gun naigheachd idir
Have you yourself nothing to tell?	Nach 'eil innse sam bith agad fein?
No, indeed	Gu dearbh cha'n'eil
Is there no intelligence from the Lowlands?	Nach 'eil sgeul ùr o'n Mhachair?
No, there's nothing going on	Cha'n'eil ni a tachairt an traths'
Have you seen a newspaper?	Am faca tu paipear-naigheachd?
I have seen a Glasgow paper	Chunnaic mi paipear a Glaschu
Does it contain anything?	'Bheil ni sam bith ann?
Nothing important	Cha'n'eil dad is fhiù
There's sometimes plenty news current	Bi' uairean pailteas sgeulachd a dol
I hate gossip and scandal myself	Cha toigh leam fhein gobaireachd is tuaileas

Special.

Is it true about that dreadful accident?	'Bheil e fior mu'n sgiorradh uamhasach sin?
I'm not aware	Cha d' fhairich mi
Haven't you heard the rumour?	Nach cuala tu (sibh) iomradh air?
Not a word	Cha chuala smid
That is strange	'S iongantach sin
What was it?	'De bh' ann?
Some collision on the railway	Co'bhualadh air choireigin air an rathad iaruinn
Were people hurt?	'N do chiùrradh sluagh?
One man was killed	Chaidh aon duine mharbhadh
That is sad news	'S bochd an sgiala sin
Yes, indeed	Seadh, gu dearbh
I have just heard it	Chuala mi an traths' i
I am sorry to hear it	Tha mi duilich a chluinntinn
I heard all the particulars	Chuala mi na h-uile dad

Doubted.

English.	Gaelic
There is a doubt	Tha teagamh ann
I am not sure	Cha'n'eil mi cinnteach
Without doubt	Gun teagamh
Doubting it	A cur teagamh ann
Denying it	'G a àicheadh
You're not serious ?	'Cha'n'eil thu 'rìreadh ?
I am indeed	Tha gu dearbh
But how do you know ?	Ach ciamar tha fìos agad (agaibh) ?
I heard it myself	Chuala mo chluasan e
I could scarcely credit it	'Sgann a chreidinn e
You may take my word for it	Faodaidh tu (sibh) m' fhocail a gha'il air
And you were present !	'S bha thu-sa 'n lathair ?
I was	Bha
I can't believe it	Cha chreid mi e
It's as sure as I live	Tha e cho chinnteach 's is beo mo
And this is true about the ship ?	'S tha so ceart mu'n long ?
True enough	Ceart gu leoir
Well I know the contrary	Mata 's aithne domhsa chaochla
It's the truth though	'S e'n fhirinn th'ann ged tha
It could not be	Cha b' urrainn e bhi
You can see it in the newspaper	Chi thu (sibh) 'sa phaipear naigh-eachd e
A newspaper fabrication	Uirsgeul nam paipear
There is not a word of truth in it	Cha'n'eil focal fìrinn ann
But I got a letter with an account of it	Ach fhuair mi litir toirt cunntas air
All the accounts are contradictory	Tha na cunntasan uile 'n aghaidh cheile
They are uncertain	Tha iad mi-chinnteach

Believed.

Believing	A creidsinn
I believe	Tha mi a creidsinn
Do you believe ?	'Bheil thu (sibh) a creidsinn ?
I am sure	Tha mi cinnteach
It is certain	Tha e dearbhta
It cannot be doubted	Cha'n urrainnear àicheadh
Prices are rising in town	Tha prìsean ag eiridh 'sa bhaile
Are they indeed?	Bheil gu dearbh ?
Yes, they are	Tha iad sin
What's the cause of that ?	'De 's aobhar do sin ?
The bad harvest weather	'N droch aimisir foghair
I can believe it	'Smi 'chreideadh
They were high enough	Bha iad àrd gu leoir

VIII.—Time.

English.	Gaelic.
At the time	Aig an àm
It is time	Tha e'n tràth
A while	Tamull, or tacan
A long time	Uine fhada
A short time	Uine ghoirid
All the time	Fad na h-ùine
Part of the time	Cuid de'n ùine
My own time	M' ùine fhein
Your time is coming	Tha t'uair (bhur n-uair) a tighinn
Plenty time	Uine gu leòir
A particular time	Am àiridh
What o'clock is it?	'De'n uair tha e?
It has struck one	Bhuail e uair
What is it by your watch?	'De tha e air t-uaireadair
It is not going	Cha'n'eil e dol
Is it not after one?	Nach 'eil e 'n deigh uair?
Not long	Cha'n'eil fada
I thought it was two o'clock	Shaoil leam gun ro' e dà uair
Not yet	Cha'n'eil fhathast
Did the bell ring?	An do bhuail an clag?
It did	Bhuail
Is that clock right?	'Bheil an t-uaireadair sin ceart?
It is fast	Tha e air thoiseach
What time is it there?	Cia miad uair tha e'n sin?
Twenty minutes from two	Fichead mionaid o dhà
Do you come at three?	An tig thu (sibh) aig a tri?
About half-past three	Mu leth-uair an deigh tri
Say a quarter past	Abair cairsteal as a dheigh
What day is to-day?	'De la th'ann an diugh?
Of the week?	De'n t-seachduin?
Yes	Seadh
It is Friday	Tha Di-h-aoine
Was yesterday not Wednesday?	Nach b'e 'n dé Di-ciadaoin
No, but Thursday	Cha b'e ach Dir-daoin
Is to-morrow Saturday?	'N e maireach Di-Sathuirne?
It is	'Se
The day of the week	La de'n t-seachduin
The day of the month	La de'n mhìos
What day of the month is this?	'De la tha'n so de'n mhios?
The eighth day	An t-ochdamh la
This is the month of May	'Se so a cheitein
The first month of summer	Ciad mhios an t-samhraidh
The fifth of the year	A chuigeamh de'n bhliadhna
What year is this of the century?	'De bhliadhna so de'n chiad?
When did you get up?	C'uin a dh' eirich thu (sibh)?

English.	Gaelic.
A while ago	O chionn treis
Is it an hour since?	'Bheil uair 'thìm uaith
It is	Tha
That was very early	Bha sin gle mhoch
I always rise early	'S àbhuist domh éiridh moch
When did you go to bed	C'uin 'chaidh thu (sibh) laidh?
It was late	Bha e anmoch
About midnight?	Mu mheadhoin óich'?
It was	Bha
Does he leave to-night?	Bheil e falbh a nochd?
Not till to-morrow night	Cha'n'eil gus'n ath-oich
Will he be here all day?	Bi' e 'n so fad an latha?
He will	Bithidh
It will be to-morrow	Bithidh e a maireach
It will be the day after to-morrow	Bithidh e an earair
When will he come here?	C'uin thig e'n so?
In a little while	An ceann tacan
An hour and a half?	Uair gu leth?
About that	Mu'n cuairt da sin
It is long since I saw him	'S fhad o nach fhaca mi e
More than a fortnight?	Corr's ceithir-la-diag?
Yes, three weeks	Tha, tri seachduin
I saw him every day	Chunnaic mis' e na h-uile la
That was last week	Bha sin air an t-seachduin so chaidh
He was here for half a year	Bha e'n so airson leth-bhliadhn'
Was that last year?	'N ann an uiridh?
It was a year ago	Tha bliadhna uaith
He won't come next year	Cha tig e'n ath bhliadhn'
No	Cha tig
When was it first?	C'uin bha e'n toiseach?
There's many a day since then	'S iomadh la o sin
Is it always like this?	Bheil e'n còmhnuidh mar so?
No, only sometimes	Cha'n'eil ach air uairean
Will it ever be?	'M bi e feasd?
Yes, sometime	Bithidh uair-eigin
What day?	Cia 'n la?
Some day	La eigin
When was it?	C' uin a bha e
At the time	Aig an àm
Many a time	Iomadh uair
Many a day	Iomadh la
A year and a day	La is bliadhna
Forever	Gu siorruidh
Ever	Gu brath

IX.—Railway Travelling.

English.	Gaelic.
Travelling	Air thurus
A long journey	Turus fhada
A great distance	Astar móir
Going away	Dol air falbh
Going from home	Dol o'n taigh
Leaving the place	Fàgail an àite
On the road	Air an rathad
Travellers	Luchd-turuis
A traveller	Fear turuis
I am about to travel	Tha mi dol air thurus
Where do you go?	C'aite bheil thu (sibh) 'dol?
To Glasgow	Gu Glaschu
What route do you take?	'De rathad a ghabhas tu (sibh)?
From Inverness by Perth	Bho Inbhirnis tre Pheairt
Is everything ready?	Bheil na h-uile ni deas?
Yes	Tha
Where's your luggage?	C' aite bheil bhur goireas-turuis?
It's in the carriage	Tha e 'sa charbad
Shall we be in time?	'M bi sinn trath gu leoir?
We have plenty time	Tha pailteas tìm againn
When does the train start?	C'uinn a dh' fhalbhas an iomchar (treana)?
At ten o'clock	Aig deich uairean
Have you a time-table?	'M bheil clar-tim agad (agaibh)?
We'll get one at the station	·Gheibh sinn aon aig an aite-seasaimh
Get me a ticket	Faigh domh comharradh (tiocaid)
How much is the fare?	'De tha'n dìoladh?
Is it first-class?	'N ann's a chiad inbhe?
It is	'S ann
The fare for the journey is two pounds	Cosdaidh 'n turus da phunnd sas-unnach
Have you got any wraps?	Bheil trusadh sam bith agad (agaibh)
But where's the portmanteau?	Ach c'aite bheil a mhaileid turuis?
I gave it to the guard	Thug mi i do'n fhear-gleidh
We had better take our seats	'S fearr duinn ar suidheachan a gha'il
We must be quick	Feumaidh sinn bhi clisg
That's the signal to start	Sin an sanus gu falbh
Yes, we're off	Tha, dh' fhalbh sinn
We're going very fast	Tha sinn dol gle luath
Yes, there's a down incline	Tha, tha sinn dol leis a bhruthaich
The locomotive is steaming too	Tha bheart-ruith cur smuid di cuideachd

English.	Gaelic.
We shall now be quite comfortable	Bithidh sinn a nis sòitheil gu leòir
We can view the country	Gabhaidh sinn beachd air an dùthaich
What are they whistling for?	C' arson tha iad feadaireachd?
We're near a station	Tha sinn faisg air aite-seasaimh
We're going more slowly	Tha sinn dol ni's moille
We have stopped now	Stad sinn a nis
We're off again	Tha sinn air falabh rithis
Is this the fast train?	'N i so an luathbruitheach
Yes, it's the mail train	'S i, tha i giùlan nan litrichean
It goes faster than the ordinary trains	Theid i ni's luaithe na na buidheann chumanta?
Much faster	Moran ni's luaithe
And it carries fewer passengers	'S tha ni's lugha luchd turuis oirre
There is not a long train of carriages attached to the engine	Cha'n'eil sreath fada de charbadan 'n ceangal ris a bheart
Do we stay long here?	Am fuirich sinn fada 'n so?
Five minutes	Cuig mionaidean
There are not many people waiting	Cha'n'eil moran sluaigh a feitheamh
No, it's a small place	Cha'n'eil, tha'n t-aite beag
Shall I have time to get a drink?	Am bi tim agam deoch a ghabhail?
If you are smart	Ma bhios tu (sibh) sgiobalt
May 1 close the window?	'Faod mi 'n uinneag a dhùnadh?
I'll be obliged to you	Bi mi 'ad chomain
What makes it so dark?	'De rinn cho dorch' e
The line is through a tunnel here	Tha'n rathad ruith fo'n talamh an so
Is it long?	Bheil e fada mar sin?
No; see it's getting brighter	Cha'n'eil; seall, tha e fàs ni's soilleir
Is this a through carriage?	An teid an carbad so fad an rathaid?
No, it goes only to Perth	Cha teid e seach Peairt
How many stations are there yet?	Cia meud aite seasaimh tha romhainn fhathast
Only two now	Cha'n'eil ach a dha nis
We're near the terminus	Tha sinn faisg air ceann na h-uidhe
What are we waiting so long here for?	C' arson tha sinn tamh cho fada'n so?
They're collecting the tickets	Tha iad tional nan cairtean
We have arrived	Rainig sinn
We were not long on the way	Cha robh sinn fada air an rathad
Are you tired?	Am bheil thu (sibh) sgith?
Not at all	Cha'n'eil idir

X.—On a Steamer.

English.	Gaelic.
A steam-ship	Soitheach smùid
A sailing ship	Long sheòil
The sailors	Na maraichean
The sea	A mhuir
The canal	An t-amair
The loch (firth)	An loch
A harbour	Cala
When does the mail packet sail?	C' uin a sheòlas an longlitriche ?
In half-an-hour	Ann an leth-uair
Is it a steam-ship?	'Ne soitheach smuid a th' innte ?
It is	'Se
We'll go to the wharf	Theid sinn gus an laimhrig
Put my luggage on board	Cur mo threilich-turuis air bòrd
Where is the captain?	C'aite bheil an sgiobair ?
He is on the deck	Tha e air clar na luinge
We are out of the harbour	Tha sinn mach as a chala
Yes, we'll soon be in the sea	Tha b' sinn gu h-aithghearr 'sa chuan fhosgailte
Do you hear the noise of the engines?	Bheil thu (sibh) cluinntinn gleadhraich nam beart ?
Yes, and feel the vessel shaking	Tha, 's a faireachadh an t-soithich a crith
Will the passage be rough ?	Am bi an t-aiseag fiadhaich ?
No, the sea is smooth	Cha bhi, tha mhuir féachail
They are hoisting the sail	Tha iad togail an t-siùil
That will give it more speed	Bheir sin an corr astar di
You do not feel easy	Cha'n'eil thusa (sibhse) coimhead gu math
No, I feel qualmish	Cha'n'eil, tha mi car sleògach
Sea-sickness, perhaps?	Tinneas-mara, ma dh' fhao'te ?
I think so	Tha mi'n duil gur e
You should see the steward	'S fearr duit (duibh) an rioghlair (stiubhard) fhaicinn
I'll go below	Theid mi gu h-iosal
What loch is that?	'De'n loch tha sin ?
Shall we call at—?	An cuir sinn staigh aig—?
We shall	Cuiridh
How much is the fare?	Cia meud tha'n aiseag ?
Shall I pay here?	Am paigh mi an so ?
A small boat	Bàta beag
A sea vessel	Soitheach mara
The swell of the sea	Onfhadh na fairge
Sailing	A seòladh
Steering	A stiùireadh
Putting about	A cur m'an cuairt

XI.—At Home.

English.	Gaelic.
The home	An dachaidh
From home	O'n taigh
Coming home	Tighinn dachaidh
At home	Aig an taigh
The house	An taigh
The family	An teaghlach
A room	Seòmar
The windows	Na h-uinneagan
The doors	Na dorsan
The people of the house	Muinntir an taigh
Coming in	Tighinn a staigh
Going out	Dol a mach
Upstair	Suas a staidhire
Downstair	Sios a staidhire
It's time to get up	Tha e'n t-àm bhi'g éiridh
I have just awakened	Tha mi direach air dùsgadh
Will you rise now?	An eirich thu (sibh) a nis?
There's no hurry	Cha'n'eil cabhag ann
Come, dress yourself	So, so, cuir umad
What sort of morning is it?	'De seòrsa madainn a th' ann?
A very fine morning	Madainn gle bhriagh
I'll have a bath	Tha mise dol 'gam fhailceadh
The bathroom is open	Tha'n t-seomar failcidh fosgailte
Where's the soap?	C'aite bheil an siapunn?
I'll send you some	Cuiridh mi h-ugad e
That will do	Ni sin an gnothuch
Are you nearly ready?	Bheil thu faisg air bhi deas?
I'm combing my hair	Tha mi cireadh m'fhalt
We're waiting you	Tha sinn feitheamh riut
Where's my father?	C'aite bheil m'athair?
He's in the dressing-room	Tha e 's an t-seomar-sgeadachaidh
I see him in the garden	Tha mi 'g a fhaicinn 'san lios
Good morning, boy	Madainn mhath duit, 'ille
Good morning, sir	Madainn mhath duibh
Have you slept well?	An do chaidil thu gu math?
Yes; I hope you have also done so	Chaidil; tha mi dochas gun d'rinn sibhse sin
I slept moderately well	Chaidil mi meadhonach math
Breakfast is ready	Tha 'm biadh deas
We'll be there directly	Bi' sinne 'n sin gun dàil
I'll be from home all day	Bi' mise o'n tigh fad an latha
Come as soon as you can	Thig cho luath 's is urrainn duit (duibh)
Here, I'm home again	So mise dachaidh rithisd
You're late	Tha thu (sibh) anmoch

Fnglish.	*Gaelic.*
Yes, I was hindered	Tha, chaidh éis chur orm
Will you have some dinner ?	An gabh thu (sibh) beagan dìneir ?
No, I have had some	Cha ghabh, fhuair mi cuid
Will you come into the sitting-room, then ?	An tig thu (sibh) do'n t-seomar suidhe, mata?
Yes	Thig
I'm glad to see you all busy	Tha mi toilichte bhur faicinn uile gniomhach
Have the children behaved since I left ?	An robh 'chloinn oileanach o dh' fhalbh mi ?
They were very good	Bha iad gle mhath
The room is pretty cold	Tha 'n rùm car fuar
Yes, I'll poke the fire	Tha, leasaichi' mi'n teine
Put on more coals	Cuir air an corr guail
Shall I light the gas ?	Am beothaich mi an solus ?
Do, it's getting dark	Dean, tha e fàs dorcha
Would you like this couch ?	Am bu toigh leibh an langasaid so ?
No, but bring me a foot-stool	Cha bu toigh, ach thoir do' stòl-coise
These are nice pictures	'S boidheach na dealbhan sin
You have a great many books	Tha móran leabhraichean agad (agaibh)
Would you not read one ?	Nach leughadh tu te ?
May I read to you ?	An leugh mi dhuibh ?
No, but give us some music	Na leugh, ach thoir duinn ceòl
What would you like ?	'De bu mhath leibh ?
Highland music	Ceol Gaidhealach
You play very well	'Smath a chluicheas tu (sibh)
Shall we sing ?	An seinn sinn ?
That's very good	Tha sin gle mhath
Children, don't chatter	A chloinn, na bithibh a gobaireachd
Study your lessons	Ionnsuichibh 'ur leasanan
Tell us a story	Innsibh dhuinn sgeul
Sing us a song	Seinnibh dhuinn òran
Give us some riddles	Thoiribh dhuinn toimhseachan
Would you like to play chess ?	Am bu mhath leat (leibh) cluidh air taileasg ?
Or cards ?	No cairtean ?
It's time you were retiring	Tha e'n t-àm duibh bhi dol a luidhe
Good night, dears	Oiche mhath duibh, a ghradhana
Have you gone to bed ?	An deach' sibh a luidhe ?
We're undressing	Tha sinn a cur dinn
Sound sleep to you	Cadal math duibh
Will you waken us early ?	An dùisg sibh tràth sinn ?
Yes	Dùisgidh
Raise the blind, if you please	Togaibh an dall-bhrat, ma's e bhur toil e

XII.—Breakfast

English.	Gaelic.
Shall we breakfast now?	Am bris sinn ar traisg a nis
If you please	Ma's e bhur toil
Sit down, then	Dean suidhe, mata
Will you ask a blessing?	An iarr sibh beannachd?
We are at table	Tha sinn aig a bhòrd
Have you said grace?	An dubhairt sibh an t-altachadh?
Yes	Thubhairt
Begin, then	Toisich (toisichibh), mata
Will you have tea?	An gabh thu tea?
I prefer coffee	'Se cofi is docha leam
Here is your cup	So do chùpa-sa
Thank you	Gun ro' math agaibh
Do you like it sweet?	An toigh leat milis e
Not very sweet	Cha toigh, gle mhilis
You'll take sugar and cream?	Gabhaidh tu siucar is ceath?
Very little sugar	Gle bheag siucair
Have some bread!	Gabh (gabhai') aran
There's an egg here for you	Tha ubh an so air do shon
I prefer a bit of the ham	B' fhearr leam mir de'n mhuic-fheoil
There's a nice mutton-chop here	Tha staoig mhuilt-'eoil lughach an so
Some toast	Beagan arain cruaidhichte
Knife and fork	Sgian is gramaiche
At the table	Aig a bhòrd
A seat	Suidheachan
A spoon	Spàn
Bring me a knife	Thoir ugam sgian
Will you have bread?	An gabh thu (sibh) arain?
This is your plate	'Se so do thruinnsear (bhur truinn-sear)
A little milk	Beagan bainne
Will you not take butter?	Nach gabh thu im?
I did not notice	Cha tug mi toigh
Here's some fresh butter	So im ùr
It seems very nice	Tha'e sealltainn gle mhath
You'll take another cup?	Gabhaidh tu cùp eile?
No, just half a cup, please	Cha ghabh, dìreach leth cùpa
Some more bread?	Beagan tuille arain?
One of those barley scones	Te dhe na breacagan eorna sin
There's a cake of oat-bread	Sin bonnach arain coirce
I like this very much	'S toigh leam so gle mhath
I sometimes take a little porridge at breakfast	Bi' heagan lit' agam air uairean 'sa mhadainn
A native diet	Biadh dùthchasach
Won't you have more	Nach gabh thu tuilleadh?

XIII.—Dinner.

English.	Gaelic.
Dinner is ready	Tha'm biadh deas
Let us sit down then	Deanamaid suidhe, mata
I will sit by you	Suidhidh mise lamh riutsa (ribh-se)
That is your napkin	Sin do (bhur) lamh-anart-sa
Who wants hare-soup?	Co tha airson sugh-chreamh?
I'll take some	Gabhaibh mise beagan
Have you got any other soup?	Bheil eanaraich sam bith eil' agad (agaibh)
I have nice cock-a-leekie	Tha deadh shugh-chreamh agam
Send me a plate, please	Cuir truinnseir an so deth
Some brown soup	Sùgh donn
Clear soup	Sùgh soilleir
That's enough	Tha sin ni's leoir
Do you like the broth?	An toigh leibh am brot?
Yes; it has a fine colour	'Stoigh, tha dath math air
Will you have a little more?	An gabh thu (sibh) beagan tuille?
No, thank you	Cha ghabh, gun ro' math agad (agaibh)
I have some cod-fish here	Tha glas-iasg agam an so
Any fried haddocks?	Bheil adagan friocht?
Yes, I'll send you one	Tha, cuiridh mi ugad (ugaibh) te
Fish now	Iasg a nis
Is this trout?	'Ne so breac?
Who'll take salmon?	Co ghabhas bradan?
A little of it here	Beagan an so deth
The sauce is over there	Tha'n sàbhsa thall an sin
Will you hand me the vinegar?	Fair a nall am fion-geur
I beg your pardon	Tha mi guidhe mathanais
Here are some dressed fowls	Seallaibh eoin dheasaichte
A little poulet-soute	Bideag isean earr-bhruichte
That bird seems very tender	Th'an t-eun sin gle thais
Shall I help you to wing?	An toir mi duit (duibh) sgiath?
No, thank you	Cha toir, gun robh math agaibh
Is there salt?	'Bheil salann ann?
Won't you have more?	Nach gabh thu (sibh) tuille?
It is tough	Tha e ruighinn
It is no chicken	Cha'n e eireag a th'ann
Are you done?	Am bheil thu (sibh) deas?
Yes	Tha
Not quite	Cha'n'eil buileach
Pass me your plate	Cuir ugam do thruinnsear (bhur truinnsear)
Is this yours?	An leatsa (leibh-sa) so?
Won't you try this?	Nach fiach thu (sibh) so?
It's very nice	Tha e gle lughach

English.	*Gaelic.*
Try a bit partridge	Fiach mir circ-thomain
Yes, I like that	Fiachaidh, 's toigh leam sin
Fill your glass	Lion do ghlaine (bhur glaine)
Is this wine ?	'N e fion tha'n so ?
Yes, there's whisky	'Se, sin uisge-beatha
I'll take spring water	Gabhaidh mi uisge 'n fhuarain
Would you prefer beer ?	'Ne leann bu docha leat (leibh)
I won't drink anything	Cha'n òl mi ni sam bith
Here's a fine haggis	So taigeis bhriagh
A little bit for me	Crioman beag domh-sa
Wouldn't you like mutton-cutlet ?	Nach gabha' tu (sibh) muilt'eoil ghearrte ?
No, I like this	Cha gabh, 's toigh leam so
Or veal ?	No laoigh'eoil ?
If you please	Ma's e do thoil (bhur toil)
Will you carve, please?	An roinn thusa (sibhse) 'n fheoil ?
Yes, give me a knife	Roinnidh ; fiachaibh sgian
What have you there?	'De th' agad (agaibh) an sin ?
Roast beef	Mairt-'eoil roiste
Pass a plate	Cuir (cuiribh) nuas truinnsir
Do you like it fat ?	An toigh leat (leibh) reamhar e ?
Moderately fat	Meadhonach reamhar
I see some boiled mutton there	Tha mi faicinn muilt-'il bhruich an sin
Here you are then	So ugad (ugaibh) mata
Not so much as that	Ni's lugha na sin
You have no mustard	Cha'n eil sgealan meilt' agad
What will you have?	'De a ghabhas tu (sibh)
Is that enough?	Bheil sin gu leòir ?
A little more	Beagan tuille
A very small piece	Mir gle bheag
A little salt here	Beagan salainn an so
Here are the potatoes	So am buntata
One or two of them	Fear no dha dhiubh
Won't you have another slice ?	Nach gabh thu (sibh) sliseag eile ?
I'll take a spoonful of the mince meat	Gabhai' mi làn spàin de'n fheòil phronn
Another potato?	Buntat' eile?
You take some beer or wine?	'Ne leann gha'as tu (sibh) no fion ?
Thank you, I have water	Gun ro' math agaibh, tha uisg' agam
Here is some good port	So fion dearg math
I'm doing very well	Tha mi deanamh gle mhath
What are those?	'De tha'n sin ?
These are jellies	Sughan mheas
Take a bit cheese	Gabh crioman caise
The sweets	Na milsean
Fill your glass	Lion do ghlaine (lìonaibh bhur glaine)

XIV.—Tea and Supper

English.	Gaelic.
You'll take a cup of tea?	Gabhaidh tu (sibh) cùpa tea?;
Thank you	Tha mi 'n 'ur comain
Bring us hot water	Thoir ugainn uisge teth
You take cream?	Gabhaidh tu (sibh) cèath?
If you please	Ma's e bhur toil
The sugar bowl is near you	Tha'n soitheach-siucair lamh riu (ribh)
I'll help myself	Gabhaidh mi fhein e
Have some bread	Gabh arain
What bread do you like?	'De an t-aran is toigh leat (leibh)
Any bread	Aran sam bith
Oat cake	Aran coirce
Barley cake	Aran eorna
I'll take wheaten bread	Gabhaidh mi aran-cruineachd
Here is some beautiful honey	So mil briagh
I like these preserves	'S toigh leam na measan greidhte so
There are both rasps and currants	Tha suidheagan is dearcagan ai sin
They're very nice	Tha iad gle ghrinn
A little butter	Beagan ime
Salt butter	Im ùr
Fresh butter	Im sailte
You have no bread	Cha'n'eil aran agad (agaibh)
I'm for no more	Cha'n'eil tuille uam
You'll take a single biscuit	Gabhai' tu (sibh) aon bhreacaç chruineachd
I enjoyed the tea very much	Mheall mi an tèa gle mhor
We'll have a little supper	Gabhai' sinn beagan suipeir
I have no objection	Cha chuir mi n' aghaidh sin
Will you take a bit ham?	An gabh thu (sibh) crioman muic- 'oil
Anything cold	Rud sam bith fuar
Would some oysters do?	An deanadh eisirean an gnothuch ;
Very well	Gle mhath
Bread and cheese?	Aran is càis?
A little of these too	Beagan diu sin cuideachd
Here are some pies and tarts	Sealla' pitheana fheoil is mheas
I'm glad to see them	Tha mi toilicht' am faicinn
Pour out some beer	Cuir a mach leann
I'll try this porter	Fiachaidh mi am portair so
You are not finished	Cha'n'eil thu (sibh) deas
I won't have more	Cha ghabh mi tuille
You have no great appetite	Cha'n'eil càl mhor agad (agaibh)
We must rise	Feumaidh sinn eiridh

XV.—In Lodgings.

English.	Gaelic.
Is there a lodging house here ?	Am bheil taigh-aoidheachd an so ?
Is it a nice place ?	'Ne àite laghach a th'ann ?
Show me the house	Feuch dhomh an taigh
Can I stay here ?	Am faod mi fuireach an so ?
Have you any rooms to let ?	Bheil seòmraichean agaibh ri'n suidheachadh ?
We have furnished rooms	Tha le airneis annta
May I see them ?	Am faod mi 'm faicinn ?
Certainly ; walk in	'S cinnteach ; thigibh 'staigh
I would prefer them on the ground floor	B' fhearr leam air an ùrlar iosal iad
Is it a bedroom you want ?	'Ne seómar-leapa tha uat (uaibh) ?
Yes, and a sitting-room	'Se agus seómar-suidhe
Those are to let	Tha iad sin ri'n suidheachadh
How much are they per week ?	'De bhitheas iad 'san t-seachduin
Two pounds	Da phunnd Sasunnach
Are they not dear ?	Nach 'eil iad daor ?
We can't take less	Cha'n urrainn sinn ni's lugha gha'ail
Have you rooms on the next flat ?	Bheil rumaichean agaibh air an ath urlar ?
Yes, I'll show them	Tha, fiachaidh mi iad
I shall not dine at home	Cha ghabh mi mo bhiadh aig an taigh
Will you not take breakfast ?	Nach gabh sibh am biadh maidne !
Yes, sometimes	Ga'idh air uairibh
You will need a fire	Feumaidh sibh teine
You'll provide that	Bheir sibhse sin
It will be extra charge	Bi' e'n corr airgid
I will take these rooms	Gabhaidh mi iad so
Have you another bed-room to let ?	Bheil seòmar-leap' eile falamh agaibh ?
Yes	Tha
A friend of mine wants one	Tha caraid domh 'g iarraidh aon
We'll be glad to see him	Bi' sinn toilicht fhaicinn
Are the rooms ready ?	Bheil na rùman ullamh ?
Almost	Faisg air
When can I come ?	C'uin a thig mi ?
Any time you like	Uair sam bith
May I come to-morrow ?	'Faod mi tigh'n a màireach ?
These are large rooms	'S mór na rùman iad so
There's a nice view from the windows	Tha sealladh briagh o na h-uinneagan
They are well furnished	'S math an airneis a tha annta
You have chosen a good site	Thagh thu (sibh) làrach math
It is very far away	Tha e gle fhad air falbh

XVI.—In an Hotel.

English.	Gaelic.
A good hotel	Taigh-òsda math
Where is it?	C'àite 'bheil e?
Let us go in	Rachamaid a staigh?
Can we lodge here?	Am faigh sinn aoidheachd an so?
Have you a spare room?	Bheil rùm falamh agaibh?
Can I sleep here?	Am faod mi cadal an so?
Show me a bedroom	Fiach domh seòmar-leapa
Yes, step this way	Fiachaidh, thigibh an so
I don't like this room	Cha toigh leam an t-aite so
Here is another empty	So ait' eile falamh
I prefer that	'Se sin is docha leam
You can have that	Gheibh sibh sin
How much do you charge per night?	Cia meud tha e 'san óich'
Ten shillings	Deich tasdan
I'ts too dear	Tha e ro dhaoir
I can show you a cheaper room	Fiachaidh mi aite ni's saoire duit
This will do	Ni so an gnothuch
Do you wish anything?	'Bheil ni sam bith uaibh?
Is there a bell?	'Bheil clag ann?
There it is	Sin e
I want to wash myself	Tha mi airson mi fhein a ghlanad
I'll send you soap and a towel	Cuiridh mi ugaibh siapunn is sea adair
And a brush and a comb	Agus clr is bruis
Immediately	'S an uair
Is my luggage come?	An tainig mo ghoireas-turuis!
Not yet	Cha tainig fhathast
Send it here when it comes	Cuir an so e nuair thig e
I will	Cuiridh
I'll stay for a few days	Ni mi tamh airson beagan laithe
We'll be delighted	Bi' sinn gle thoilichte
Get my boots cleaned	Faic mo bhòtan air an glanadh
I'll send up some slippers	Cuiri' mi suas cuarana
Do, and get a fire for me	Dean is faigh teine dhomh
In a moment	Ann an tiota
Order some tea for me	Iarr tèa air mo shon
I'll be down soon	Bi' mi sios 's an uair
Where is the public room?	C'aite bheil an seòmar cumanta?
I wish to retire	Tha mi airson dol a laidhe
Where is my room?	C'aite 'bheil mo rùm-sa?
I leave in the morning	Tha mi a falbh 'sa mhadainn
Call me at seven o'clock	Gairm mi aig seachd uairean
Do not forget	Na di-chuimhnich
I leave in a week	Bi' mi falbh ann an seachduin
You have been very attentive	Bha sibh gle fhritheilteach

English.	Gaelic.
Call me in the morning	Dùisg(ibh) 's a mhadainn mi
Not too early	Cha'n ann ro mhoch
At what o'clock?	'De 'n uair?
Before eight o'clock	Ro' ochd uairean
Send up my shoes	Cuir(ibh) ugam mo bhrògan
I am in a hurry	Tha cabhag orm
Is breakfast ready?	Bheil a bhraiceas deas?
You'll have it at once	Gheibh thu (sibh) air an uair i
I'll have dinner at home to-day	Bi' mi dachaidh gu m' dhiot
When do you wish it?	C'uin bu mhath leat (leibh) i?
About four o'clock	Mu cheithir uairean
I may possibly have a friend with me	Theagamh gu'm bi caraid comhla rium
What have you to eat?	'De th' agaibh gu itheadh?
Let us have a good dinner	Thoiribh duinn dìneir math
I shall dine out to-day	Gheibh mi mo dhìneir o'n tigh an diugh
I won't be home till late	'Bi' e anmoch mu's tig mi
I don't know when I return	Cha'n'eil fios agam c'uin a thig mi air ais
Shall we sit up for you?	Am feith sinn riut (ribh)?
You need not	Cha ruig sibh leas
Can I have a key to let myself in?	Am faigh mi iuchar gu faighinn 'staigh?
Has the post brought me anything?	An tug am post ni dòmhsa?
Nothing	Cha tug dad
Did anyone call for me?	An tainig neach sam bith 'g am iarraidh?
A gentleman called	Thainig duin'-uasal
Did he leave me any message?	An d'fhag e fios sam bith?
He said he would call again	Thuirt e gun tigeadh e rithis
I would like a fire	Bu mhath leam teine
Put on more coals	Cuir air an corr guail
Where are the tongs	C'àite bheil an clobha
It is cold here	Tha e fuar an so
It is dark	Tha dorcha
Will you give me a light?	An toir sibh domh solus?
Leave the door open	Fàg an dorus fosgailte
Shut the door	Dùin an dorus
Bring me some cold water	Thoir(ibh) ugam uisge fuar
Can I have a clean towel?	Am faigh mi searadair glan?
Fetch another dish	Thoir ugam soitheach eile
Put it on that table	Cuir air a bhòrd sin e
Where is the candle?	C'àite 'bheil a choinneal?
That will do	Ni sin an gnothuch
Give me my bill	Thoir(ibh) domh mo chunntas
I will pay it to morrow	Pàidh' mi maireach i

XVII.—In Town.

English.	Gaelic.
Shall we take a walk?	An teid sinn a shràid-imeachd?
I am quite willing	Tha mi toileach
In what direction shall we go?	'De 'taobh an teid sinn?
Let us visit the Town Hall	Gabhamaid gu Tall mór a Bhaile
Do you know the way?	An aithne duit (duibh) an rathad?
We will inquire about it	Feòraichidh sinn m'a dheighinn
Which is the way to the Town Council Hall?	Cia'n rathad gu Talla Comuinn a Bhaile?
Take the first turn to the right	Ga'ibh a ehiad tionndadh gu's an laimh dheas
Is that all?	'Ne sin uile?
Then go straight on	Rithis ga'ibh direach romhaibh
How far is it away?	Cia fada d'a ionnsuidh?
About three hundred yards	Mu thri chiad slat
Many thanks to you	Moran taing duit (duibh)
Here it is at last	So e mu dheireadh
What a splendid edifice!	Nach briagh 'n aitreabh e!
Yes, it's magnificent	Tha e gle mhaiseach
Shall we go in?	An teid sinn 'staigh?
I wish to go	Tha mise airson a dhol
The architecture is very ornate	'S àluinn an seorsa togail a th'air
It contains some fine pictures	Tha dealbhan gle ghrinn ann
Have you seen enough?	Am faca tu (sibh) ni's leòir?
Yes, let us go out	Chunnaic, theid sinn a mach
What church is that?	'De'n eaglais tha sin?
That is the High Church	Sin an Eaglais Ard
It is a very handsome pile	'S àillidh an togail i
Yes, it's ancient	Seadh, tha i gle shean
The streets are well kept	'Smath tha iad cumail nan sràid
The town can afford that	Tha'm baile comasach air sin
Is it the river water that the people use?	'Ne uisge na h-aimhne tha'n sluagh a cleachdadh?
No, they get it from the waterworks	Cha'n e, tha iad 'g a fhaighinn o'n obair-uisge
Where does it come from?	Cia as tha e tighinn?
In pipes from the hills	Ann am pioban o na cnuic
What house is that with the grated windows?	'De'n taigh tha sin le cliath-iaruinn 's na h-uinneagan?
That is the Court-house	'Se sin an taigh-mòid
Where the Sheriff sits?	Far am bi'n Siorra 'na shuidhe?
No, the Sheriff is not the judge there	Cha'n e 'n Siorra is breitheamh an sin
Where is he?	C'aite bheil e-san?
In the County Court-house	An taigh-chirt na Siorrachd
Who presides in this court?	Co tha air ceann na cùirte so?

English.	*Gaelic.*
The Provost and Bailies And are the police constables under their direction?	Am Prothaiste's na Bailli'ean 'Sam beil na maoran-sithe fo'n smachdsa ?
Yes	Tha
Do they rule the whole town?	'N iadsan tha riaghladh a bhail' uile?
Yes, with the Town Council	'S iad, comhla ri Comunn a Bhaile
These are fine shops	'Sbriagh na bùithean sin
Yes, the windows are very handsome	'Sbriagh; tha na h-uinneagan gle eireachdail
Shall we cross the bridge?	An teid sinn null thar an drochaid?
If you like	Ma thogras tu (sibh)
Is that a schoolhouse?	'Ne tigh-sgoil tha'n sin !
That is the College	'Se sin an àrd-sgoil
It is not under the School Board?	Cha'n'eil i fo Bhòrd nan Sgoil ?
No	Cha'n'eil
Where is the Infirmary?	C'aite bheil an tigheiridinn ?
It is outside the town	Tha e mach as a bhaile
This seems to be the market	Tha so coltach ris a mhargadh
Yes, shall we pass through it?	Tha, an teid sinn troimpe?
We may do so.	Faodaidh sinn sin
Is it here the fairs are held?	'N ann an so bhi's na feilltean ?
I don't think so	Cha'n'eil mi 'duil gur ann
It is very crowded	Tha i gle dhòmhail
I would like to see the Public Park of the town	Bu mhath leam pàirce chumant a 'bhaile fhaicinn
We may go round that way	Faodaidh sinn cuairt a gha'il mar sin
Is this the way to the town's park ?	'Ne so'n rathad gu pàirc a bhaile?
No, this is it	Cha'n e, 'se so e
Are we near it?	Bheil sinn faisg oirre !
It is at the end of the street	Tha i aig ceann na sràide sin
Shall we take a cab?	An gabh sin carbad
I prefer to walk	'S docha leam-sa coiseachd
It is more agreeable here	Tha e ni's taitnich an so
Yes, and we can get a view of the town	Tha 's gheibh sinn sealladh de'n bhaile
It's a busy place	Tha e 'n a aite deanadach
Yes, and a dirty smoky place	Tha's na aite smuideil, salach
There are a good many chimney stalks	Tha aireamh mhath de shimealaran dubha ann
Chiefly of foundries, factories, and the like	Gu h-àirid de fùirneisean tighean-ceirde 's a lethid sin
What extensive wall is this?	De'm balla mór tha so?
That is the prison enclosure	'Se sin cuairteachadh a phriosain
Would you like to see the cemetery?	Am bu toigh leat a chladh fhaicinn?
I am indifferent	Tha mi coma co dhiu
Or the town's library	No leabhar-lann a bhaile

English.	*Gaelic.*
I am not very anxious	Cha'n'eil mi gle iarrtnach
Perhaps you are getting tired ?	Theagamh gum beil thu (sibh) fàs sgith ?
Yes, a little	Tha meadhonach
Then we will return	Tillidh sinn mata
It is time, at any rate	Tha e'n t-àm co dhiu
What hall is this?	'De'n talla tha so ?
That is where all kinds of meetings take place	'S ann an sin a bhi's coinneamhan de gach seorsa
Is there anything to-night ?	Bheil ni ann a nochd ?
There is some concert	Tha co-sheirm air chor eigin
Then I will attend	Thig mis' uige, mata
Where is the high street ?	C'aite bheil an t-Sraid Arda ?
It is at the end of this lane	Tha i aig ceann na caol-shraid so
We will go to the town's cross	Theid sinn gu crois a bhaile
Let us cross the street	Siubhlamaid tarsuinn na sràide
Mind yourself	Thor(ibh) toigh ort (oirbh) fein
This is rather dangerous	Tha so car cunnartach
Shall we go to see the bridge?	An teid sinn choimhead na drochaid?
Yes, we may	Faodaidh sinn sin
What are those horses waiting here for?	C'arson tha na h-eich sin a feitheamh an so?
These are for conveying anyone who may need them	Airson bhi giùlan neach sam bith aig am bi feum daibh
Let us take one of them, then	Gabhamaid fear diubh, mata
Where shall we drive to ?	C'aite an teid sinn ?
Down to the bridge	Sios gus an drochaid
What is the fare !	Cia miad tha'n iomairt ?
A shilling a mile	Tasdan am mile
Tell him to drive faster	Abair ris dhol ni's luaithe
What bell is that?	De'n clag tha sin?
These are the Cathedral bells	'Siad sin cluig na h-eaglais mhóir
They are very sweet	Tha iad gle bhinn
I think we have seen enough	Tha mi 'dùil gum faca sinn gu leoir
Where will we turn now ?	C'aite 'n tionndaidh sinn a nis?
We will go home	Theid sinn dachaidh

XVIII.—In the Country.

English.	Gaelic
I'm going out into the country	Tha mi dol mach gus an dùthaich
Are you going far?	Bheil thu (sibh) dol fada?
A few miles	Beagan mhìltean
May I accompany you?	Am faigh mi còmhla riut (ribh)?
Yes, I'll be glad to have your company	Gheibh, bith' mi toilicht' do (bhur) cuideachd fhaotainn
Shall we keep the high road?	An cum sinn an rathad mór?
Yes, most of the way	Cumaidh 'sa chuid is mò de'n uidhe
The road is not even	Cha'n'eil an rathad còmhnard
It is destroyed by the wheel ruts	Tha e air a mhilleadh le claisean nan cuibhle
Yonder is a nice footpath	Sud frith-rath'dan laghach
We will take it	Gabhaidh sinn e
Perhaps people are not allowed to take this path	Theagamh nach fhaod sluagh bhi ga'il a cheum so
Yes, it's quite public	Faodaidh, tha e cumanta gu leoir
Whose ground is this?	Co leis am fearann so?
It's part of —— estate	Buinidh e do oighreachd ——
Where is the mansion-house?	C'aite am beil an tigh mór?
There it is on the hill	Sin e air a chnoc
It is beautifully sheltered by trees	'S grinn a tha e air a dhìon le crao'an
What is that fenced place?	De'n t-ait' tha sin air a dhùnadh a stigh?
That is a preserve for rearing pheasants and such birds	'Se sin aite dùinte airson àrach easagan is eoin mar sin
What rumbling noise is that?	De'n tòirm tha sud?
That is the noise of the waterfall	'Se sud fuaim an eas
It must be very large	Feumaidh gum beil e gle mhór
It is pretty high	Tha e math àrda
Where is it?	C'aite bheil e?
It is beyond that wood	Tha e air taobh thall na coille sin
And this is the proprietor's farm?	Agus 'se so tuathanas an uachdarain?
Yes	'Se
These are beautiful fields.	'S briagh na h-achaidhean sin
Yes, it seems to be good soil	Seadh, tha coltach talamh math air
We can get a fine view from this hill	Gheibh sinn sealladh math o'n chnoc so
I can see the river from here	Chì mi an amhainn a so
Yes, and the lake it comes out of	Chì, 'san loch as a bheil i tighinn
Where is the church of this parish?	C'aite bheil eaglais na sgire so?
It is near the village	Tha i faisg air a chlachan
The little town we passed?	Am baile beag air an deach' sinn seachad

XIX.—At Sea.

English.	Gaelic.
At sea	Air a chuan
Embarking	'Dol air bòrd
Raising the sail	Togail an t-seòl
Running before the wind	Ruith roimh'n ghaoth
The ship is sailing	Tha an long a seòladh
The tide is flowing	Tha a mhuir a llouadh
On sea and on land	Air muir 's air tìr
Now we're off	Nis dh' fhalbh sinn
Keep her to windward	Cum ris i
Out to the sea?	Mach gu's a chuan?
Yes	Seadh
We have the wind now	Tha ghaoth againn a nis
Is the boat on the shore?	Bheil am bàt' air an tràigh?
I left it there	Dh'fhàg mis' an sin e
Come on board then?	Thig air bòrd, mata
Here are the oars	Sealla' na ràimh
Pass them here	Cuir an so iad
Shall we row?	An iomair sinn?
Yes, just now	Iomraidh an traths'
Shall I sit at the helm?	An suidh' mis' air an stiùir?
Do so	Dean sin
The sea is beautiful	Tha 'mhuir gle bhriagh
The sea air is bracing	Tha gaoth na mara neartachail
How slowly we seem to move	Nach sinn tha dol mall!
What large vessel is that	'De'n soitheach mór tha sin?
That is a steamer	Tha bàta-smùid
What is it doing here?	'De tha i deanamh an so?
Assisting ships up the stream	Cobhar luingeas suas an t-sruth
The opposite coast is dangerous	Tha'n cladach fa'r co'ar cunnartacl
There are many rocks	Tha moran chreag ann
I hear that there are many ships wrecked every year	Tha mi cluinntinn gu bheil mórar luingeas air am bristeadh 'na h- uile bliadhna
Is there a lifeboat near?	Bheil bàta airson tearnadh beathi faisg?
There is one six miles away	Thà fear sia mìle air falbh
What place is this?	De'n t-àite tha so?
Who is that man?	Co'n duine tha sin?
May we safely leave the boat here?	Bheil e sàbhailt am bàt' fhàgail an so?
We will pull round the island	Tarruingidh sinn cuairt an eilein
Take you the oars	Gabh thusa na ràimh
The waves are rising	Tha na tuinn ag eiridh
The wind is stronger	Tha'ghaoth ni's treasa
Raise the sail	Cuir suas an seòl

English.	Gaelic.
Tie this to the mast	Ceangail so ris a chrann
That is a fishing boat	'S sin bàt' iasgaich
Hand me the baler	Cuir a nall an taoman
Keep out the water	Cum a mach an t-uisge
I have lost an oar-pin	Chaill mi putag
There it is on the deck	Sin i air an tobhta
We need not row	Cha ruig sinn leas iomram
Haul up the sail	Tarruing suas an sgòd
Keep her steady	Cùm air do làimh
She has plenty way	Tha pailteas astar aice
Yes, she's ploughing the waves	Tha i gearradh nan tonn
We'll pass below that island	Theid sinn seachad fo'n eilean sin
Remember the rocks	Cuimhnich na creagan
Is it flood tide just now ?	'Ne'n làn a tha'nn an traths?
No, it's ebb tide	Cha'n e ach an tràghadh
Now we're out of the strait	Nis, tha sinn mach as a chaol
What ships are these?	'De na luingeas tha sin?
Some of them are men-of-war	'Se luingeas chogaidh th'ann an cuid diu'
Let us go nearer	Gabhamaid ni's fhaisge
They are at anchor	Tha iad air achdair
We'll board that ship	Theid sinn air bòrd na luinge sin
Pass under her bow	Gabh seachad fo toiseach
Lower the sail	Lasaich an seòl
Put about	M'an cuairt i
Come under the ladder	Thig fo'n fhàradh
Pass the painter	Nall am ball
Where is the captain?	C' aite bheil an ceannard?
He's on the quarterdeck	Tha e 'sa cheann deiridh
What instrument is that?	'De 'n inneal tha sin?
A compass	Tha cairt iuil
These are strong masts.	'S laidir na croinn sin
I would like to be a sailor.	Bu toigh leam bhi 'am sheòladair
As long as the sea is quiet	Fhad 's a bhiodh a mhuir samhach
A seaman's life has its own dangers	Tha a cunnartan fhein aig beatha maraiche
Let us return to land	Rachamaid air ais gu tir

XX.—Shooting.

English.	Gaelic.
We are going to hunt	Tha sinn dol a shealg
I'll accompany you	Theid mise comhla ribh
Get your gun then	Faigh do ghunna mata
Let out the dogs	Leig a mach na coin
Shall I unleash them?	An leig mi de'n iall iad?
You may	Faodaidh tu sin
Do we keep to the hills?	An cum sinn am monadh
It will be better	'Se sin is fhearr
I cannot fire a shot to-day	Cha'n urrainn domh urchair a thil- geil an diugh
Why not?	C'arson sin?
My hand shakes so	Tha mo laimh air chrith
My powder is wet	Tha m'fhùdair-sa fliuch
There are some grouse	Sin cearcan-fraoich
Shall I fire at them?	Au loisg mi orra?
We'll shoot them on the wing	Tilgidh sinn iad air sgiath
Cock your guns	Cuiribh bhur gunnachan air lugh
Blaze away	Cuiribh smuid riu
Have you killed anything?	An do mharbh thu dad?
I wounded one	Leon mi te
Will you give me some shot?	An toir thu domh fras?
Here, load this gun	So, lion an gunna so
Is it with small shot?	'Nann le min-fhras?
No, with a bullet	Cha'n ann ach le peileir
The deer are beyond that hill	Tha na feidh taobh thall a chnuic sin
Here they come	So a tigh'n iad
There's your chance!	Sin do chothrom!
What have I killed	'De mharbh mi?
A beautiful hind	Mharbh eilid bhriagh
There's a grand stag	Sin damh àluinn
I must get the antlers	Feumaidh mi an cabair fhaotainn
Where are the gillies?	C'aite bheil na gillean?
Shout for them	Thoir an eigh orra
Here, lad take up that hare	So, ghille, tog a mhaigheach sin
Go for the pony	Siubh'l airson an eich
Bring me some powder	Thoir ugam fùdair

XXI.—Fishing.

English.	Gaelic.
Come away to fish	Tiucainn a dh' iasgach
Have you another rod ?	Am bheil slat eil' agad ?
I have, a fair one	Tha sin agam, te ghrinn
This is a good hook	'Smath an dubhan so
Will you have a fly?	'N gabh thu (sibh) cuileag ?
Yes, what kind suits this water best ?	Gabhaidh, 'de seórsa fhreagras an t-uisge so ?
I'll choose a good one for you	Taghai' mi te mhath duit
Shall we go down the river !	An teid sinn sios an amhainn ?
Yes, on the other side	Theid air a bhruaich eile
Try that pool	Fiach an linne sin
Let out your line	Leig a mach do dhriamlach
I have got a nibble	Fhuair mi sgobadh
Keep quiet	Cum samhach
They are taking to-day	Tha iad a ga'ail an diugh
Have you got anything ?	An d'fhuair thu dad ?
I've caught a few trout	Ghlac mi beagan bhreac
My basket is empty	Tha mo chliabhsa falamh
Shall we go out in the boat ?	An teid sinn a mach 's a bhàta ?
Yes, if we get some one to row	Theid, ma gheibh sinn neach gu iomair
Here's Donald, he'll come	So Dònuil, thig esan
Get out the oars, Donald	Mach na ràimh, a Dhònuil
You can now row slowly	Faoda' tu nis bhi fanna
We'll try the rods	Fiachaidh sinn na slatan
Dress these hooks	Stailc na dubhanan so
I have caught a herring	Rug mis' air sgadan
Try a different bait	Fiach maghair eile
The fish are plentiful here	Tha'n t-iasg pailt an so
Especially white fish	Gu h-àraid iasg geal
Will you try the net ?	Am fiach sibh an lion ?
Yes, let us have it	Fiachaidh, thoir duinn i
Now, row away	Nis, iomair air aghaidh
I'll pay it out	Leigidh mis' a mach i
Pull ashore	Tarruing gu cladach
I think we have got something	Tha mi'n duil gu'n d' fhuair sinn ni eigin
The net is very heavy	Tha'n lion gle throm
What a fine haul !	Nach briagh an làd sin !

XXII.– Athletic Games.

English.	Gaelic.
Where are the Games to-day ?	C'aite bheil na cluichean an diugh ?
They are on a green meadow down here	Tha iad air faich uaine sios an so
Are there many people ?	'Bheil móran sluaigh ann ?
Yes, a large assembly	Tha, cruinneachadh mór
What is going on now ?	'De tha'r a deanamh an traths ?
They're putting the stone	Tha'd a eur na cloiche
Are these the competitors ?	'N iad sin na co-shreipich ?
Yes	'S iad
Is the competition over ?	Bheil an co-dheuchann thairis ?
I think so	Tha mi 'n duil sin
Who has won ?	Co a bhuanaich ?
That stalwart champion	An curaidh làidir sin
How far did he throw ?	Cia fada chur e ?
Twenty-nine feet three inches	Naoi troi' fichead 's tri oirlich
He did very well	'Smath a fhuarndh e
What's the next thing ?	'De 'n ath rud ?
Throwing the hammer	Tilgeil an ùird
We must clear off then	Feumaidh sinn sgaoileadh mata
Yes, it is sometimes dangerous	Feumaidh, tha e air uairean cunn-artach
That was a splendid throw	Bu ghrinn an urchair sud
He gave it a good swing	Thug e siud math dha
Let us go and see the leaping	Siubh'lamaid a choimhead na leum
That's what they call the long leap	Sin rud ris an abair iad an leum fada
That fellow crossed the mark	Chaidh am fear sin thar a chomh-arradh
I could jump as far as that myself	Bheirinn fein leum cho fada sin
The ground is too slippery	Tha'n talamh ro shleamhuinn
We're to have high leap now	Gheibh sinn leum àrda nis
He cleared it easily	Chaidh a thairis glan gu furasda
That was a good spring	Bu mhath a chruinn leum sin
They're tossing the caber where we left	Tha'd a cur a chabair far an robh sinn
Yes, and it's a heavy caber ·they have	Tha 's is tomadach an cabair a th'aca
These are fine muscular fellows	'S grinn gramail na gillean iad
Yes, indeed, they have well deserved their prizes	Seadh, gu dearbh, 's math thoil iad an duais
We have not seen the race-course yet	Cha'n fhaca sinn am blàir réis fhathast
No, but the races are over	Cha'n fhac', ach tha na réisean seachad
I would have liked to see them	Bu mhath leam am faicinn

English.	*Gaelic.*
Did many run?	An robh móran a ruith?
Yes, there was a good competition	Bha, bha deuchann math ann
It would have been a fine sight	Bu bhriagh an sealladh e
You do not play quoits here?	Cha bhi sibh cluich peilistearan an so?
It is a very ancient game	'S sean a chluich e
What games do you have in the Lowlands?	'De na spòrsan a th' agaibh air a Mhachair?
We have many games with ball and bat, bowls, football, tennis, and curling-stones	Tha iomadh cluich againn le ball is slacan, ball-cloiche, ball coise, tennis, is clachan-spéilidh
Do you play shinty?	Nach bi' sibh ri camanachd?
It is a great pastime here in winter	Tha e 'na chluich mhór an so 's a gheamhra'
How is it played?	Ciamar a chluichear e?
Very like football, but clubs are used instead of feet	Gle choltach ri ball-coise ach le camanan 'n aite casan
Some games are very coarse and rude	Tha cuid a chluichean gle fhiadh-aich, borb
Yes, their influence is not of the best	Tha, cha'n e bhuaidh is fhearr a th'aca
We seldom have wrestling matches now	Cha tric bhi's deuchann gleac againn a nis
So I believe	'Se sin mo bharail
There are always dancing and bag-pipe competitions	Tha'n comhnuidh farpus ann airson danns' is piobaireachd
In England there are great contests in rowing	An Sasuinn tha mòr-cho-stridhean aca ann an ràmhachd
A capital thing for the joints and muscles	Ni ro-mhath airson nan alt 's nam feithean
I like to see these things	'S toigh leam na nithe sin fhaicinn
I like that too	'S toigh leamsa sin cuideachd
A bit of friendly competition is a good thing	'Smath an rud beagan co-shreipeas càirdeil
That is my opinion	'S e sin mo bharail-sa
Especially when the games are of a manly kind	Gu h-araid nuair 'se cluichean fearail a th'ann
And when the people of the district alone are engaged	Agus nuair nach bi 'san ealaidh ach muinntir an àite
I see that Highland games are very frequent in the Lowlands now	Tha mi faicinn gu'm beil cluichean Gaidhhealach gle bhitheanta air a Mhachair a nis
On the other hand, Lowland games are becoming common in the North	Air an laimh eile tha spòrsan Gallda fàs cumanta 's an taobh tuath
Some of the competitors at these games are fine stalwart fellows	'S grinn foghainteach na gillean cuid de na co-shreipich aig na cluichean so

XXIII.—Indoor Amusements.

English.	Gaelic.
What gathering is here to-night?	'De choinneamh tha'n so a nochd?
There is a concert and soiree	Tha ceòl is ceilidh
That accounts for the noise and merry-making	'Se sin is ciall do'n fhuaim's do'n aighear
Will you not come in?	Nach tig thu steach?
I'll be very glad	Bi' mi gle thoilichte
You'll find a seat yonder	Gheibh thu suidheachan an sud
What's the name of this place?	C'ainm a th'air an àite so
That is the Music Hall	'Se so an Tigh-Ciùil
When does the concert begin?	C'uin a thoisicheas an co-sheirm?
In a little while	Ann an tacan beag
Are we to have songs or instrumental music?	'Ne òrain no ceòl a inneal a gheibh sinn?
There will be both	Bi' an da chuid ann
Is this the orchestra in front of us?	'Niad so no h-innealan fa'r comhar?
Yes	'S iad
Did the music please you?	An do thaitinn an ceòl ruit?
Yes, very much	Thaitinn gle mhór
I thought this was a theatre	Shaol leamsa gur e tighcluiche bha so
There are plays here sometimes	Bithidh cluichean ann air uairbh
Is it dramatic plays?	'Ne dàn-chluichean?
Yes, and operas	'Se agus clùichean-ciùil
They are clearing the floor	Tha iad a reiteachadh an ùrlair
Yes, for a ball	Tha airson balla-dannsa
Do you dance?	Bheil thu na do dhannsair?
I do sometimes	Bi' mi ris air uairbh
Find a partner then	Faigh companach mata
Will you dance with me?	An danns' thu comhla riumsa?
What dance are we to have?	'De 'n danns' bhi's againn?
We'll have the Reel of Tulloch	Gabhai' sinn Ruidhle Thullachain
Begin the music then	Suas an ceòl mata
Are you tired?	Bheil thu sgìth?
I am perspiring	Tha mi 'am fhallus
We'll sit down then	Ni sinn suidhe mata
Would you like to promenade?	Nach gabh thu ceum m'an cuairt?
Yes, when I am rested	Gabhaidh nuair gheibh mi m'anail
Who'll sing us a song?	Co sheinneas òran duinn?
My neighbour here will	Seinnidh mo nàbuidh an so
I cannot sing	Ch'n urrainn domhsa seinn
You must be coaxed and pressed	Feumaidh tu còiteachadh is briagadh
Not at all	Cha'n fheum idir
Will you recite a poem then?	An aithris thu dàn mata?
I'll try it	Feuchaidh mi ris

English.	*Gaelic.*
You did very well	Rinn thu gle mhath
We are all obliged to you	Tha sinn uile 'nad chomain [eigin
This is the time for some games	So an t-Àm airson cleasan air choir-
Mention what games you would like	Ainmich 'de chluich bu mhath leat
Any that the company chooses	Ni sam bitha thoilicheas an comhlan
What shall we try?	Co ris a dh' fhiachas sinn?
You do not play cards?	Cha bhi sibh cluich chairtean!
We have not a pack of them in the house	Cha'n'eil paisg againn 'san taigh diubh
Have you got dice?	Bheil dìsnean agaibh?
Yes, who'll play them?	Tha, co a chluicheas leo?
I will, for one	Mise, airson aon
There are the draughts too	Sin agaibh na fìr-fheoirne cuideachd
You may try chess also	Faodaidh sibh tailleasg fhiachainn cuideachd
Hand over the draught-board then	Cuir a nall am bord-dubh mata
What shall the rest of us do now?	'De ni cach againn a nis?
We'll find some amusement for ourselves	Gheibh sinne fearas - chuideachd duinn fhein
I'll propose some conundrums	Cuiridh mise toimhsichean oirbh
Let us hear them then	Mach leo mata
Whoever fails to solve the question must put the next one	Am fear nach fuasgail a cheisd feumaidh e an ath the 'chur
I'll get some little game for the children	Gheibh mise cluicheag do'n chloinn
We'll play at hide-and-seek	Cluichidh sinn dallandà
See that you don't hurt yourselves	Feachaibh nach ciurr sibh sibh fhein
You are all very jolly	Tha sibh uile gle chridheil
Who'll sing us a song?	Co sheinneas òran duinn
You sing well	'S math sheinneas tu
I like that song very much	'S gle thoigh leam an t-òran sin
It's very sweet	Tha e gle bhinn
It would please you if it were well sung	Thaitneadh e riut nan rachadh a sheinn gu math
You might play us something	Dh' fhaodadh tu ni eigin a chluidh duinn
I have no music-book	Chan'eil leabhar-ciuil agam
Play us anything you remember	Cluidh duinn rud sam bith air am beil cuimhn' agad
Open the pianoforte	Fosgail a chruit-chiñil
Do you like violin music?	An toigh leat ceol fiodhal?
Yes, I am very fond of it	'S toigh, tha mi gle dheidheil air
It is very fine	Tha e gle ghrinn
I like to hear the bagpipe among the hills	'S toigh leam a phìob mhór a chlu-inntinn a measg nan cnoc
It's very appropriate there	Tha i gle fhreagarrach an sin
Or in a very large hall	No ann an talla mòr

XXIV.—Buying.

English.	Gaelic.
I'm going to buy	Tha mi 'dol a cheannach
Buying and selling	'Ceannach 's a reic
A merchant's shop	Bùth ceannaich
Good commerce	Malart mhath
The merchant	An ceannaica
Have you got—?	Am bheil—agaibh ?
We have	Tha
Do you keep—?	Bheil sibh cumail—?
I want—	Tha mi airson—
Will you show me—	Am feach sibh domh - ?
Yes, with pleasure	Feachaidh gu toilichte
We don't keep it	Cha'n'eil sinn 'ga chumail
Do you sell—?	Bheil sibh a reic—?
I am sorry, but we do not	Tha mi duilich ach cha n'eil
Can you give me—?	'N urrainn duibh thoir domh ?
We can	'S urrainn
We cannot	Cha'n urrainn
What is the price?	Ciod e phris ?
How much is this?	Cia miad a tha so ?
Is it dear ?	Bheil e daor ?
No, it is very cheap	Chan'eil, tha e gle shaor

Clothing.

Clothing	Aodach
Dresses	Culaidhean
A clothier's shop	Buth ceannaich aodaich
I want a pair of gloves	Tha mi 'giarraidh oaidhir mhiotagan
Is it woollen ones ?	'Ne feadhann olladh ?
Yes	'S iad
We have only kid gloves	Chan'eil againn ach lamhainnean
I'll take a pair	Gabhaidh mi paidhir
What is the size ?	Ciod e mhiadachd ?
I am not sure	Chan'eil mi cinnteach
Let me see some stockings or socks	Feachaibh domh stocainnean no gearr-osain
Is it cotton or woollen ?	'Ne cotain no ollaidh ?
Have you got tartan hose?	Bheil osanan breacain agaibh ?
Yes, of all colours	Tha, de gach dath
Let me see Macdonald tartan	Feach cadath nan Domhnullach
This will do	Ni so an gnothuch
Let us see your tartan plaids	Feach duinn bhur breacanan
I want a good coat	Tha mi airson còta math
Is it of tweed ?	N ann de tweed ?

English.	Gaelic.
Yes, a shooting coat	'S ann, cota seilg
What colour?	'De'n dath?
A nice brown	Donn laghach
Will this do?	'Dean so an gnothuch?
I would like it darker	Bu toigh leam ni's dorcha e
It is too bright	Tha e ro shoilleir
Show me several colours	Feach do' caochla dath
This one will do	Ni'm fear so'n gnothuch
What's the price?	'De phris?
That is 5s a yard	Tha sin cuig tasdan an t-slat
It is now cheaper	Tha e nis ni's saoire
How much will I require?	'De uiread a dh' fheumas mi?
You will get it made	Ni sibh fhein e
I also want a kilt	Tha feile uam cuideachd
Of tartan?	De cadath?
Yes, a dark colour	'Se, dath dorcha
Here is a useful one	So dath feumail
What tartan is that?	'De'n tartan tha sin?
That is Fraser hunting tartan	Sin tartan-seilg nam Frisealach
It is all wool	'Se olladh th'ann
I'll take that	Gabhaidh mi sin
They must be done this week	Feumaidh iad bhi deas air an t-seachduin so
We'll try it	Feachaidh sinn ris
Shall I try on the coat?	Am feach mi orm an còta?
Yes, if you call to-morrow	Feachaidh, ma thig thu maireach
Show this lady some silk	Feach sioda do'n bhaintighearn so
What colour?	De'n dath?
Black silk	Sioda dubh
Can you recommend this?	Am moladh tu so domh?
This is better	'S e so is fhearr
Show me some flowers	Feach domh fluraichean
Have you ribbon to match this?	Bheil ribean agaibh a fhreagras so?
A brighter shade	Dath ni's soilleire
Will you send me these things?	An cur sibh ugam na rudan sin?
To-night	A nochd
What is your address?	C'ainm an t-aite?
Here it is	So agad e

Books, &c.

A book shop	Bùth leabhraichean
Have you any Gaelic books?	Bheil leabhraichean Gailig agaibh?
Yes, what kind?	Tha; 'de seorsa?
I would like a book of songs	Bu mhath leam leabhar oran

English.	Gaelic.
We have all the works of Highland poets	Tha obair gach bàrd Gaidhealach againn
I want only a small book	Chan'eil uams' ach leabhar bheag
This book is in two volumes	Tha an leabhar so 'na da phasgan
The printing is good	Tha an clodhadh math
Have you a dictionary?	Bheil foclair agaibh?
A Gaelic dictionary?	Foclair Gailig?
Yes, or a Gaelic lesson book	'Se, no leabhar ionnsachaidh Gailig
We have the "Easy lessons in Gaelic"	Tha "Leasanan furasd 'an Gailig" againn
Let me see it	Feach domh i
That will do	Ni i sin an gnothuch
Give me some pens	Thoir do' peannachan
Also some paper and ink	Paipear agus dubh (inc) cuideachd
Notepaper?	Paipear litriche?
Yes, a good kind	'Se, seorsa math
Will you show me some good music books?	Am feach thu domh leabhraiche ciuil math?
I want pipe music	Tha mi 'g iarraidh ceol piobaireachd
Do you sell bagpipes?	Bheil sibh reic pioban?
Yes, we have a few	Tha beagan againn diubh
Is there a library in the town?	Am bheil leabhar-lann 's a bhaile?
Have you a history of Scotland?	'Bheil Eachdraidh na h-Alba agaibh?
Yes, here it is	Tha, 'se so i

Jewellery, &c.

Beautiful jewels	Seudan briagh
I want to buy a ring	Tha mi airson fainne cheannach
Show me a nice gold one	Féach do' te ghrinn oir
There are pretty ones in the window	Tha teadhainn lughach 's an uinneag
This one is too small	Tha 'n te so ro bheag
It does not fit me	Cha fhreagar i mi
What is the name of that stone?	C'ainm a chlach tha sin?
That is an agate	'Se sin agat
I would like a diamond	Bu toigh leam daoimean
Show me some brooches	Feach do' braistean
These are our own manufacture	'S iad sin ar deanamh fhein
Give me a watch key	Thoir do' iuchair uaireadair-pòca
It's to fit this watch	'S ann airson an uaireadair so
Will you put a glass on this watch?	An cuir sibh glaine air an uaireadair so?
I want native jewellery	Tha mi airson seudan dùchasach

Boots and Shoes.

English.	Gaelic.
I need footgear	Tha feum agam air caiseart
I want Highland brogues	Tha mi airson brògan Gaidhealach
Good strong leather	Leathar math làidir
That shape will do	Ni an cumadh sin an gnothuch
I prefer them laced	'S ann iallaichte is docha leam iad
I don't know my size	Cha'n aithne do' mo mhiadachd
You might send me a pair or two to try on	Dh' fhaodadh sibh paidhir no dhà chur ugam gu'm feachainn

Tobacco, &c.

Get me some tobacco	Faigh dhomh tombaca
Give me a good cigar	Thoir domh cigar math
Are these the best you have?	'N iad sin 'n fheadhainn is fhearr a' th' agaibh?
Give me a dozen	Thoir domh dusan
And a box of matches	Agus bocsa *lucifer*
I want a snuff box	Tha mi airson bocsa-snaoisein
A silver one	Fear airgid
Fill the box with snuff	Lion am bocsa le snaoisean

Idiomatic Phrases.

English.	Gaelic.
They accused him of that	Thilg iad sin air
He was acquitted	Fhuair e deth
He acquitted himself of his task	Chuir e crioch air 'obair
I will adhere to what I said	Cumaidh mi ris an ni a thuirt mi
I will adhere to your view	Aontaichidh mi ri'd bheachd-sa
We will be admitted	Gheibh sinn a staigh
He admitted it	Dh'aidich se e
They advanced	Thainig (or chaidh) iad air aghaidh
He advanced them	Thug e iad air aghaidh
The price advanced	Dh'eirich a phris
We agreed	Chòrd sinn
I agree to that	Tha mi'g aontachadh ri sin
It did not agree with me	{ Cha do chòrd e rium { Cha tainig e rium
What ails you ?	'De tha tigh'n riut ?
I almost fell	Theap mi tuiteam
I am alone	Tha mi leam fhein
It amounted to that sum	Thainig e gus an t-suim sin
He is angry	Tha fearg air
I apologised	Dh' iarr mi maitheanas
That is my apology	'S e sin mo leisgeul
This won't answer	Cha fhreagair so
He asked a question	Chuir e ceisd
He asked me why	Dh' fhoighnich e rium c'arson
He asked me to come	Dh' iarr e orm tighinn
At home	Aig an taigh
At sea	Air a mhuir
Scolding at them	A trod riutha
They assailed me } They attacked me }	{ Thoisich iad orm { Bha iad rium { Dh' eirich iad orm
At any rate	Co dhiu
Attend to this	Thoir aire do so
Attend to me	Fritheil orm-sa
Attend the meeting	Bi aig a' choinne
Are you aware of that ?	An aithne duit sin ?
I can't bear that	Cha'n fhuiling mi sin
He bears the blame	'S ann air-sa tha choire
He bears himself wisely	Tha e 'g a ghiulan fein gu glic
I beg of you	Tha mi 'guidhe ort (oirbh)
He begged for alms	Bhe e 'g iarraidh dhéirc
They were beaten	Chaidh gabhail orra
Beat him	Gabh air
It's becoming white	Tha e fàs geal

Idiomatic Phrases.—*Continued.*

English.	*Gaelic.*
It becomes you well	Tha e 'g ad fhreagair gu math
That belongs to me	{ Is leamsa sin
. That is mine	{ Buinidh sin domhsa
Be off	Bi falbh
I beg your pardon	Tha mi 'g iarraidh maitheanais
I believe it is	Tha mi'm barail gu bheil
Beware of the dog	Thoir toigh o'n chù
He boards there	Tha e air bhòrd an sin
Bringing up children	Ag àireach chloinne
Call him	Thoir éigh air
Call on him	Gabh a choimhead air
Call for wine	Orduich fion
What is he called?	C' ainm a th'air
Take care !	Thoir toigh
I don't care	{ Tha mi coma
	{ Cha'neil othail agam
What do I care?	'De 'n othail a th' agam ?
Take care of her	Thoir toigh oirre
I have no care	Cha'n'eil curam orm
He lacks care	Cha'n'eil curam ann
Catch this	Beir air so
If you chance	Ma thuiteas ort
She carried it on	Chum ise air aghaidh e
They were charged with this	Chaidh'so chur as an leth
He was cheated	Chaidh an car thoirt as
Will the day clear up?	An tog an la ?
Did it come?	An tainig e ?
That is to come off	Tha sin gu tachairt
Compel them }	Thoir orra
Cause them }	
It contains much	Tha moran ann
It won't contain that	Cha 'chum e sin
I dare say	Faodaidh mi radh
That was demanded of him	Chaidh sin iarraidh air
It will depend on circumstances	Bithidh e a reir mar thuiteas
Deliver a speech	Thoir òraid
I am determined	Tha mi cur romham
Have you discovered	An d' fhuair thu mach ?
This will do	Ni so an gnothuch
Put it into effect	Cuir an gniomh e
Excuse me	Gabh mo leisgeul
I expect her	Tha mi 'g amharc air a son

Idiomatic Phrases.—*Continued.*

English.	Gaelic.
I have failed	Dh' fhairtlich orm
I won't fall in with that	Cha'n aontaich mi ri sin
We won't quarrel about it	Cha chuir sinn mach air a cheile uime
I fear	Tha eagal orm
I find no fault with him	Cha'n'eil mi 'cur coire air
Do not frighten them	Na cuir eagal orra
Free and easy	Saor is suaimhneach
I gathered from what he said	Thuig mi o na thuirt e
Get up	Eirich
Get down	Gabh sios
They got the better of me	Rinn iad an gnothuch orm
He's getting better	Tha e fàs ni's fhearr
Give it up	Thoir thairis e
Give in	Géill
Go on	{ Gabh romhad { Rach air aghaidh
It so happened	Thuit e mach
I hate it	Tha fuath agam da
What will you have	'De ghabhas tu ?
Have done	{ Bi deas { Tog deth
I have to do it	'S fheudar dhomh a dheanamh
I have it	Tha e agam
I must have it	Feumaidh mi fhaotainn
He's at home	Tha e aig an taigh
I'll help him	Bheir mi cobhar dha
She's hungry	Tha'n t-ocras oirre
I have no idea	Cha'n'eil brath agam
It is impending	Tha e aig làimh
They increase in number	Tha iad dol an lionmhorachd
He was very indifferent	Bha e coma co-dhiu
Do you know her?	An aithne duit i ?
Do you know this?	'Bheil fios agad air so ?
He is very knowing	Tha e gle sheòlta
Lay hold of it	Dean greim air
Leave off	Tog deth
Let it alone	Leig leis
I like them	Is toigh leam iad
Who lives there ?	Co tha fuireach an sin ?
Look out !	H-ugad (h-ugaibh) !
Look out a better one	Sir a mach fear ni's fhearr

Idiomatic Phrases.—*Continued.*

English.	Gaelic.
They have made it up again	Tha iad air còrdadh a rithis
I'll make him do it	Bheir mi air a dheanamh
. We made for the place	Rinn sinn air an aite
We can't manage it	Cha'n urrainn sinn deth
What's the matter?	'De tha dochair?
Never mind	Coma leat (leibh)
I need not	Cha ruig mi leas
No person came	Cha d'thainig neach sam bith
I'll object to that	Cuiridh mi 'n aghaidh sin
I'll oppose that	
Come over	Thig a nall
Go over	Gabh a null
It's over there	Tha e thall an sin
It's over here	Tha e bhos an so
You owe me a shilling	Tha tasdan agam ort
I ought	Bu choir domh
I won't part with them	Cha dealaich mi riutha
Pay attention	Thoire aire
If you please	Ma's e do thoil
He pretends	Tha e gabhail air
Don't put it off	Na cuir dàil ann
They were quarrelling	Bha iad thar a cheile
	Thuit iad a mach
Recall that	Thoir sin air ais
I can't recall it to mind	Cha'n urrainn domh thoir gu'm chuimhne
Do you remember?	'Bheil cuimhne agad?
Will he run away?	An ruith e air falbh?
He ran into debt	Chaidh e anns na fiacha'
He was set free	Chuireadh fa sgaoil e
They set to	Thoisich iad
They set out	Dh' fhalbh iad
Will he stand it	An seas e ris?
I won't stand it	Cha'n fhuiling mi e
Stop talking	Sguiribh de bruidhinn
He stopped	Stad e
Make him stop	Thoir air stad
Stop him	Cuir stad air
He's striking me	Tha e 'ga'm bhuaileadh
It's very striking	Tha e gle iongantaeh

Idiomatic Phrases.—*Continued.*

English.	*Gaelic*
It struck me very much	Dhruigh e orm gle mhór
It struck me that—	Thainig e am aire gu—
Take that	Gabh sin
Take it away	Thoir air falbh e
He took to it	Ghabh e ris
Take hold of it	Dean greim air
They were taken in war	Ghlacadh an cogadh iad
Give that to me	Thoir sin domhsa
Come to me	Thig h-ugamsa
Speak to me	Labhair riumsa
It will tell very soon	Feachaidh e gle luath
I think so	'Se sin mo bharail
Don't trouble me	Na cuir dragh orm
Will you undertake this?	An gabh thu so fos laimh?
Use and wont	Gnàth is àbhaist
We used to	B'àbhaist duinn
I'm waiting for you	Tha mi feitheamh riut
She waits on him	Tha i frithealadh da
I want it	Tha e uam
They want you	Tha iad 'gad iarraidh
I'm watching you	Tha mi cumail suil ort
Do you wish this	Bheil thu airson so?
I wish it were	B'fhearr leam gu'n robh

LaVergne, TN USA
09 April 2010
178722LV00003B/53/A